夢想機器人力克

李浩迅 Orson Li
著作・角色設計

中華教育

改變人生的五大元素

想像力
提高創造力，
解決問題

夢想
引導人生方向，
帶來希望

信念
令你自信勇敢，
全力以赴

時間
善用時間規劃，
持之以恆

正向思維
感激生命中
的逆境，
積極迎接挑戰

每個人都擁有 讓夢想成真的力量

1 夢想機器人

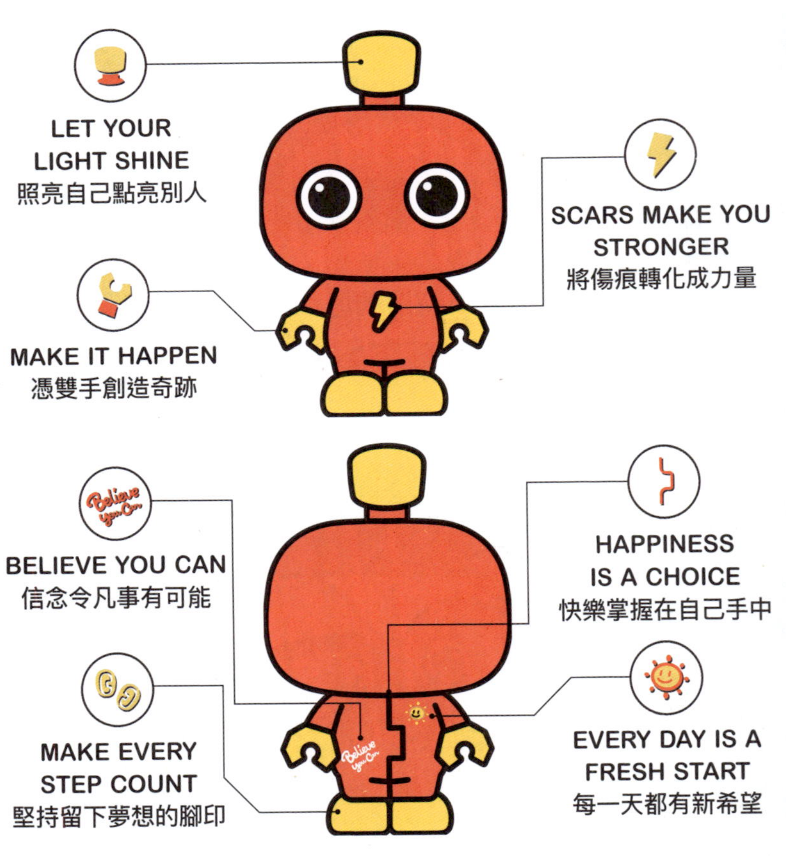

FOLLOW YOUR DREAMS

夢想如燈塔，指引前進方向。機器人力克象徵着勇敢追夢及逆境自強精神。希望這個夢想機器人能激發大家的勇氣和毅力！

② 信念小花苗

BELIEVE IN YOURSELF

信念如像種子，耐心栽培終會長成茁壯的花苗。生命中各種寶貴的經歷將會孕育出信心的花兒，成為改變人生的力量。

BELIEF ▶▶▶ CONFIDENCE

③ 時間寶石

GREAT THINGS TAKE TIME

「時間投放在哪裏，成就彰顯在哪裏。」時間如寶石般珍貴，必須善用每分每秒，投放在有意義的事情上，為人生增值。

④ 想像力時光機

ANYTHING IS POSSIBLE

愛因斯坦說過：「想像力能帶你到任何一個地方。」想像力在學習和工作中不斷地產生創意，提升解決問題的能力，帶領你勇闖不同領域取得成就。

⑤ A.L.I.C.E. 正向思維程式

NEVER GIVE UP

正面思考改變思維，將困難挫折視為改變人生的機會，捉緊當下創造美好的未來。

推薦序

用愛與信念，照亮夢想的旅程

與李浩迅先生的相識，始於 2017 年，我們合作設計正向教育校本課程教材。這些年來，我們合作無間，包括《正向知多啲》、《至「正」家族》等正向系列，有動畫故事、班級經營工具及社交情緒教材等，他對創作充滿熱誠。如今，他把這份熱誠與堅持匯聚成了一本動人的書 ——《夢想機器人力克》。

這是一本溫暖人心的故事書，更是一面能讓我們看見生命本質的鏡子。書中的力克是一個來自未來的機器人，他與主人愛麗絲一同成長，穿越人生的每一個階段。從天真的童年到充滿挑戰的成年，力克用他那雙簡單卻閃亮的眼睛，見證了愛、勇氣、堅毅與夢想的力量。他就像一個不會言倦的大朋友，陪伴着愛麗絲，也陪伴着每一個讀者，去感受生命的美好。

故事的字裏行間流露着一種溫柔的力量。當力克為了拯救一隻小鴨冒險跳入湖水時，我們看到的是無私的愛；當他在戰火中不顧自身安危去守護同伴時，我們感受到的是堅定的信念；而當他在紅色電話亭中靜靜等待愛麗絲的重逢時，那份不離不棄的忠誠，更讓人心頭一熱。正如書中所說的：「傷痕，是成長的勳章。」力克的所有選擇，都讓我們明白，生命的價值不在於完美，而在於如何用心去愛、去付出及去堅持。

書中蘊藏不同的珍貴道理，讓人讀來特別溫暖。如力克身上的顏色變化到胸前的裂痕，都傳遞着一個深刻的道理：夢想的顏色會隨人生不同階段而改變，但那份深埋於心的初衷，卻始終未變。力克的故事告訴我們，即使現實為夢想染上不同的色彩，只要記得自己為何出發，人生的每段旅程都能綻放獨特而美麗的光芒。

我特別喜歡書中的一句話：「你為身邊的人帶來光亮，燃起他們對生命的熱情。」這句話不僅是力克為愛麗絲帶來光亮，更燃點每一位讀者對生命的熱情。我相信，每個人都能在這本書中找到屬於自己的光，找到那份支撐自己追尋夢想的力量。

《夢想機器人力克》是一份充滿愛的禮物，彷彿一盞燈，為每一位讀者的內心點亮一道溫暖的光。我誠摯推薦這本書，願它能在你的生命旅程中，為你帶來無限的啟發與感動。

葉碧君

太古小學校長

2017 年獲選為首屆「賽馬會教師社工創新力量」計劃的創新教師，創立「正向教育」校本課程，培訓本地教師及編寫正向教育教材；2021 年獲香港教育城創新教師獎；2021 年、2022 年獲香港大學國際傑出電子教學數學科銀獎；2021 年獲選為教育局「T–卓越@hk」計劃一教師獎學金（進修碩士學位課程）得獎者。

自序

傷痕，是成長的勳章

在機器人力克的名字「NICK」背後，藏着一個深刻的隱喻——它不僅是一個名字，在英文中更意味着「裂痕」。就像我們每個人的成長旅程，追夢的路上難免跌倒、碰撞，在心上刻下一道道傷痕。

但這些傷痕，從來不是失敗的印記，而是蛻變的證明。當我們學會擁抱自己的裂痕，勇敢站起，那些曾經的傷口會成為最獨特的力量——就像力克胸口上的裂痕，不是缺陷，而是使他與眾不同的印記。

夢想或許不是人人都有，但傷痕卻是我們共同的語言。它提醒我們：真正的強大，不在於完美無缺，而在於接納自己的故事，並帶着這份歷練，繼續向前，為世界貢獻獨一無二的光。

專注、積極、堅毅

這本書希望透過機器人力克的故事，重新喚醒人類與生俱來的三大生命優勢——專注、積極與堅毅。這些該是我們最熟悉的能力：孩童時能全神貫注觀察螞蟻搬家，對萬物充滿熱情提問，跌倒後抹抹淚又繼續奔跑。但隨着成長，這些珍貴的特質逐漸被消磨：我們開始在日常生活中分心滑手機，用「躺平」掩飾對失敗的恐懼，甚至忘記上次為理想熬夜奮鬥是何時。

現代社會像一台混濁的過濾器，讓我們習慣用比較衡量價值，用抱怨替代行動。當手機不斷推送他人光鮮的生活片段，我們便難以專注當下的工作；當社羣媒體放大每個不完美，積極就悄悄褪色成冷漠；當「速食成功學」充斥視野，堅持就淪為可量化的「忍耐度條」。

機器人正是一面澄澈的鏡子——他們執行指令時從不分心，遇到系統錯誤就主動修正，哪怕重試千萬次也不言棄。這種純粹，其實正是人類智慧最原始的樣貌。本書要撕去「機器人特性」的標籤，帶你找回那份被遺忘的勇氣：重拾關掉內心雜音的專注力，把「為甚麼是我」轉為「我可以做甚麼」的積極思維，以及像第一次學騎腳踏車那樣，摔得再痛也堅信下一次能騎得更遠的韌性。

力克的色彩人生：夢想的蛻變與永恆

力克的顏色變化，象徵着夢想在不同生命階段的模樣——從童年粉紅色的天馬行空、紅色般的純粹熱情，到青年黃色代表的現實妥協，再到職場藍色時期的壓力與掙扎。最終，當人生步入綠色的晚年，夢想不再喧囂，而是回歸內心的平靜與共融。

但無論色彩如何流轉，夢想的本質始終是那抹最初的灰藍色：埋藏在靈魂深處的愛與勇氣。它提醒我們，即使現實為夢想染上不同色彩，只要記得自己為何出發，每一段旅程都能閃耀獨特而完整的光芒。

李浩迅

目錄

改變人生的五大元素 ...i
推薦序 ...iv
自序 ...vi

第一章　相遇

初次的相遇 ...003
溫暖的家 ...010
第一個聖誕節 ...021
線斷的風箏 ...030

第二章　小學

初次上學 ...036
相信你就是奇跡 ...039
紅色機器人 ...042
誰是主人？ ...046
搖搖 ...050
拯救小鴨 ...051
Believe You Can...057
蝴蝶的蛻變 ...062
愛麗絲的生日 ...065
游泳課 ...070
機器人與愛情鳥 ...072
古老物件 ...076

第三章　中學

魔方的人生哲理 ...080
圍巾 ...083
沙鐘的啟示 ...085
森林中的小經歷 ...087
大衛的智慧 ...090
獨角獸的魔法 ...093
勇敢的印記 ...096
機器人與小貓 ...098
紙鶴的祝福 ...101

第四章　大學

上大學 ...105
黃色機器人 ...108
電話亭的約定 ...115
愛麗絲的初戀 ...119
拍檔 ...125
大學畢業 ...128

第五章　離別

回到老家 ...132
流星雨 ...138
永遠的離別 ...144
踏上孤獨的旅程 ...151
藍色機器人 ...155
機器人的友情 ...158

第六章　戰爭

回復原本的色彩 ...163
戰爭 ...170
機器人的任務 ...175
勇氣 ...180
每一天的新希望 ...185

第七章　尋找

重遊故地 ...190
燈塔 ...194
久別重逢的朋友 ...199
尋找愛麗絲 ...203
夢想的記憶 ...211
未完成的約定 ...216
我的主人 ...222

打造你的夢想機器人小夥伴 ...228

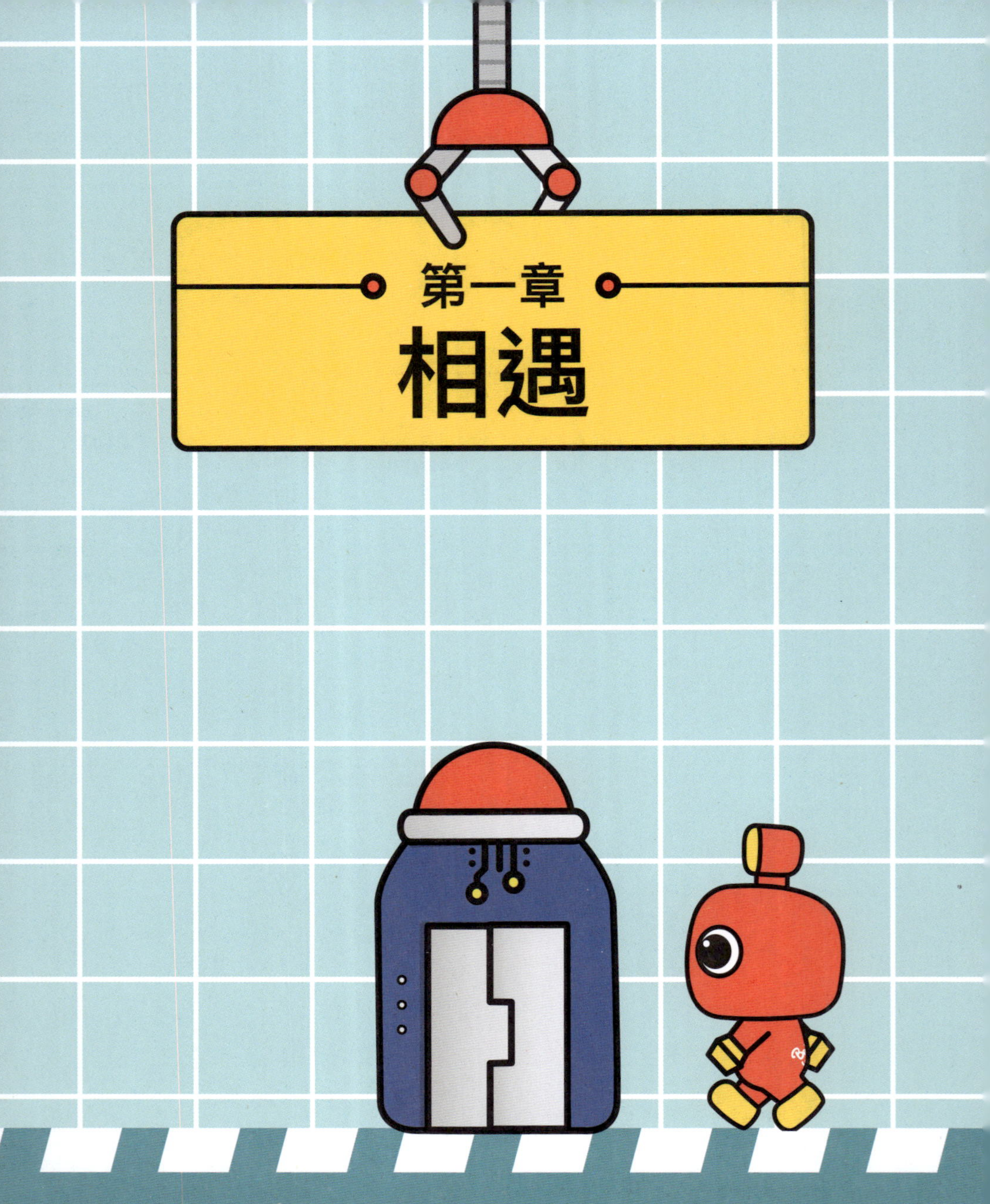

第一章 相遇

LET YOUR LIGHT SHINE

初次的相遇

一陣強風吹過翠綠的叢林，葉子沙沙作響。羣鳥在樹梢上吱吱地叫，突然展翅飛向天上飄浮的白雲，彷彿大自然在預示着不尋常的事情即將發生。

遠處的草原上，一個穿着黃色裙子的女孩正在追逐一隻小蝴蝶，跟隨着牠在佈滿紫色蘭花的山丘上歡愉地跳躍。這個女孩名叫愛麗絲，自從母親過世後，她和父親從城市移居到這個偏遠的郊區小鎮。每當她看到母親最愛的紫色蘭花，總能感受到母親的存在，就像她在耳邊輕聲問候，帶來溫暖的微笑。母親曾經說過：「蘭花外表不僅高貴典雅，而且擁有頑強生命力，能在惡劣環境中茁壯成長。我的寶貝，願你如蘭花般堅韌，勇敢迎接生活中每一個挑戰。」

這個看似平靜的午後，突然一道耀眼彩光劃破了蔚藍天空，隨之而來的是震耳欲聾的巨響，瞬間打破了四周的寧靜。一台時光機從天而降，機艙外形彷如一個巨型汽水罐，深藍色外殼在陽光下閃爍着微弱電流，紅色半圓形頂部如鎂光燈般閃耀着。這台時光機緩緩降落，周圍的花草因其產生的氣流而輕微震動。它觸地那一刻，整個山丘被璀璨光芒包圍，令人感到一種難以言喻的震撼。

隨着煙霧散去，愛麗絲好奇地往前跑，在距離時光機三尺遠的石堆上停了下來。機艙鋼門緩慢地打開，隱約可

見裏面有一顆藍寶石在閃耀着。當鋼門完全打開後，寶石的藍色光芒從機艙裏面放射出來，中央有一個神祕黑影。

一個破舊的機器人踏出時光機，獨自站在綠油油的山丘上，就像一個迷失的機器人。剛才那隻蝴蝶輕盈地掠過機器人胸前的一道如閃電般的裂痕。蝴蝶本想停留在機器人頭頂的方形小燈上，但此時機器人輕輕提起右手，於是蝴蝶拍打翅膀，伏在他手掌上。那隻手掌如同一把鉗子，微微向內彎曲，為蝴蝶提供了一個安穩歇息之地。

機器人那雙圓渾眼睛凝視着掌上的蝴蝶，那一刻時間靜止了，機器人與蝴蝶之間似乎產生一種深層次的聯繫，他們都經歷過蛻變，在這個時刻相遇。

機器人左手握着一個殘舊而且有一道深深裂痕的花盆，前臂佈滿了些許由硬物撞擊留下的刮痕，手肘處隱約可見一條細微的裂縫，似乎曾經斷裂後被修補過，這些痕跡透露出機器人過去的創傷經歷。花盆裏盛載着一朵紫色的小蘭花，幼嫩的花瓣散發着點點光澤，與山丘上其他花朵截然不同。機器人抬頭仰望天空，矩形的頭不斷輕輕搖晃，他身高大約與一個六歲小孩相若，愛麗絲對他產生了一種莫名的親切感，更被他手中的紫色小蘭花深深吸引，一步一步走近他。

愛麗絲對機器人身上的顏色感到有點熟悉，她父親年輕時在軍隊服兵役，拍下了許多戰機的照片。父親曾告訴她，戰機機身顏色稱作「空軍藍」，是有如晴空的藍色與鋼材的鐵灰色混合在一起，形成一種神祕而硬朗的灰藍色調。愛麗絲曾經與他爭辯那是藍色還是灰色，因而對這個色調留下深刻印象，一看便認出機器人身上的顏色就是「空軍藍」。

蝴蝶輕輕拍動雙翼，從機器人的掌心飛走。蝴蝶雙翼拍動的那一刻令時間再次重啟，機器人感受到身邊氣流產生了億萬分之一的變化，啟示「蝴蝶效應」正在展開。

愛麗絲拍了拍機器人的肩膀，他轉身望向這個棕髮小女孩，雙方的目光在空中交會。愛麗絲嘴角微微上揚，向機器人展現一抹笑容。機器人雙腳平行地站在地上，腳尖向着愛麗絲，似乎在回應她的微笑。

愛麗絲問：「你的蘭花很漂亮。我叫愛麗絲，能跟你交朋友嗎？」機器人點點頭，用小男孩的稚嫩聲線回答說：「我是力克，來自未來世界。」愛麗絲伸出細小的手指，輕輕觸碰力克的手。看到力克沒有迴避，她便用力牽着他的手，一起天真爛漫地在山丘上奔跑，兩人時不時互相對望，一直朝着海灘跑去。

遙遠的海灘盡頭屹立着一座紅白色燈塔，海鷗在海面上盤旋。兩人坐在海灘上的一條木橋上，力克好奇地問：「愛麗絲，那座燈塔是用來做甚麼的？」愛麗絲回答：「爸爸告訴我，在黑暗夜裏，燈塔頂部會發出亮光，為大海中航行的船隻指引回家的路。不僅是船隻，每當我在夜裏走過山路時，都會望着明亮的燈塔，找到回家的方向。」兩人眺望着蔚藍海洋上的地平線，力克娓娓道來關於未來世界的奇妙故事。

「未來被稱為完美世界，但其實是個令人失望的地方。」力克的語氣中透着一絲無奈。他繼續說：「人類為了達到完美標準，所有裝束和物件都是一模一樣。科技已經奪走了人類的獨立思維，整個城市充滿了深灰色調及冷漠氛圍。」愛麗絲好奇地問：「那麼你以前住在哪裏？和誰在一起生活呢？」力克回答：「我的主人是一位慈祥的老婦人，我跟她一起住在一間古董店裏。她從那些古老物件中教曉我許多有關人類世界的昔日往事和價值觀。」

愛麗絲靜靜地聆聽着力克對未來世界的描述，視線逐漸從他臉上移到胸前那道看起來如閃電般的裂痕。力克告訴她：「主人發現我的時候，我的能量已經完全耗盡，於是她將時光機的時間寶石拆卸下來，裝嵌在我體內。那顆藍寶石能夠啟動時間，賜予我源源不絕的能量。」愛麗絲興奮地問：「那麼你就能長生不老嗎？」力克點頭回答：「是的。在主人因病離世之前，她送給我一顆種子，希望我能將它栽種成小蘭花，與它一起堅強地活在未來世界裏。然而，我無法忍受未來世界的冷漠與無情，因此我作出了一個決定——剖開胸部，取出時間寶石來重新啟動時光機，然後帶着小蘭花回到彩色的現在世界。」愛麗絲擔憂地問：「那麼失去寶石的能量後，你會像人類一樣面臨死亡嗎？」力克沉默片刻，用憂傷的眼神望着她說：「是的。」

忽然一陣海風吹過，小蘭花的花莖隨風搖曳。海裏有一個玻璃沙鐘緩緩地飄流到木橋旁邊。力克屈身向前，伸出前臂，輕輕拾起沙鐘，愛麗絲好奇地把它拿過來，並倒轉看看。金黃色的細沙從沙鐘上方緩緩流到下方，在陽光下熠熠生輝。愛麗絲凝視着逆轉流動的細沙，時間開始倒流。

兩人慢慢走到岸邊，海浪一波又一波地湧上海灘，浪花濺到他們雙腳上。愛麗絲驚叫着跳起來，而力克則雙腳堅定地站立在沙上，任由海浪拍打，毫不退縮。愛麗絲問力克：「未來世界那麼可怕，你當時是如何面對的呢？」力克拾起樹枝，在沙上寫下面對逆境的人生智慧。夕陽餘暉映照在五彩斑斕的貝殼上，吸引着愛麗絲的目光，她並沒有留意力克在沙上寫甚麼。直至力克對她說：「愛麗絲，你看看沙上的字句。」她才轉過頭來，看到沙上寫着「Appreciate Life In Challenging Environment」。

「這句話的意思是『感激生命中的逆境』。」力克繼續說，「我的主人為我安裝了一個正向思維程式，幫助我用感恩的心面對逆境，尋找逆境裏隱藏的祝福。」愛麗絲年紀尚小，並不明白力克的話，嘻嘻哈哈地蹦跳着說：「那麼在這個彩色世界裏，你不需要這個程式了！」

不一會兒，下一個波浪潮湧上岸邊，把沙上的字句沖掉，只留下柔軟濕潤的細沙。

溫暖的家

看着蛋黃般的夕陽逐漸下沉，愛麗絲跟力克說：「親愛的，我們一起回家吧！」她再次牽着力克的手，穿過茂密草叢，沿着泥濘小路回家。回家路上，力克發現愛麗絲有些疲憊，於是將她背起，讓她好好休息。力克沉甸甸的步伐，在泥路上留下了深深的腳印。他細緻地感受着愛麗絲的臉龐緊緊貼近在他肩膊上的溫暖，心裏期待着與這小主人即將展開的新旅程。

愛麗絲住在郊區一間兩層高的簡樸小屋，藍色屋頂及米白色外牆給人一種平靜的感覺。大門前掛着兩盞法式小燈，與簡樸的房子顯得有點格格不入。愛麗絲的父親比特是一位熱愛音樂和攝影的電器維修員，家中收藏了許多不同的樂器，都是他年輕時在不同地方搜集回來的珍貴物件。留聲機正在播放着古典音樂，優美旋律瀰漫整個房間。比特在閒暇時最喜歡拿着菲林照相機捕捉大自然的美景，客廳牆上掛滿了許多魔術時刻的風景照，以及愛麗絲幼兒時的特寫照片，這些畫面如同時光的快門，捕捉着愛麗絲成長的美好時刻。客廳另一角有個古董收藏櫃，裏面陳列着各式各樣的古董花瓶，花瓶殘舊的外觀似乎隱藏着無數歲月的故事。大櫃旁擺放着一個木製收藏箱，外形如同海盜船上的寶藏箱，箱子兩側鑲有鋼製橫條，中央更有一個巨型鎖扣，充滿着神祕感。

此時，比特正在客廳為鄰居修理一台舊式電視機。比特的外形並不如一般軍人般硬朗，反而有點瘦削。他擁有一頭深啡色短髮，戴着玳瑁色眼鏡，給人一種智慧沉穩的感覺。

當比特看到一個機器人跟着女兒步入客廳時，驚訝地站了起來，問：「這個機器人是從哪裏來的？」愛麗絲興奮地說：「爸爸，他叫力克，來自未來世界，剛乘坐時光機來到這裏，是我發現他的！」她向比特講述力克的來歷，語氣中充滿對這位新朋友的喜愛。她問：「爸爸，我很喜歡這個機器人，我們可以收留他嗎？」

在這個年代，只有富裕家庭才能擁有機器人，他們在家中負責不同大小事務，如照顧小孩、輔導功課、烹煮晚餐等。這些機器人的身高外形與力克相像，但外表全都是鮮豔紅色，而且型號及設計相對較新穎。自從移居到小鎮以來，比特一直依靠為鎮上居民修理電器為生，雖然受到大家的愛戴與信賴，但他的收入微薄，無法負擔一個昂貴的機器人。

比特從力克的顏色和特徵認出他是大戰時期的救援機器人，他灰藍色的身軀展現出硬朗的軍事風格。大戰結束後，這些救援機器人成為軍用剩餘物資，不是被派送到軍工廠工作，就是被售賣到一般工廠改良成現今的家庭機器人。比特在網上搜尋力克的序列號，赫然地發現這個機器人並沒有任何物主的登記紀錄，而且已被解除作戰功能。經過一番思量，最終他決定准許愛麗絲收留力克，並在網上正式登記愛麗絲為力克的新主人。

自從母親去世後，愛麗絲變得沉靜寡言，對周圍事物失去了興趣。所以，當看到她帶着這個來歷不明的機器人回到家中的喜悅，比特亦感到一絲安慰。

聽到比特批准收留力克，愛麗絲感到雀躍萬分。她好奇地問比特：「爸爸，你有坐過時光機嗎？」比特搖了搖頭回答：「沒有。我只在科幻電影裏見過時光機，不知道它是否真正存在現實生活裏。不過，我們的想像力其實就像一台時光機，可以隨時帶我們穿越過去與未來，去到任何地方。」愛麗絲又問：「如果真的有時光機，你想去坐一趟嗎？」比特感慨地回答：「當然想。我很希望回到過去重遇你的媽媽，還有去未來看看將來的你會是甚麼樣子。」

比特叮囑愛麗絲要把機器人清洗乾淨，愛麗絲點點頭，然後拉着力克走進浴室。她扶着力克的手，讓他慢慢地踏進浴缸，接着為浴缸注滿水，輕輕倒出沐浴露，浴室裏瀰漫着一陣香氣。力克就像一個小孩般坐在浴缸中，白色泡沫覆蓋着他的身體和頭部，顯得格外可愛。

愛麗絲細心地用小毛巾為力克擦去身上的泥濘。她還在水面上放了一隻橡皮小黃鴨，讓它在水中輕輕漂浮着。力克高興地望着小黃鴨，告訴愛麗絲：「你知道嗎？在未來世界，有一次我跟主人散步，突然有輛貨車朝着一隻橫過馬路的小黃鴨衝過去。在那一瞬間，我感受到體內發出一股巨大能量，衝了出去奮力攔截那輛貨車，最終成功拯救那隻小黃鴨。主人告訴我，無私的愛能激發出最大勇氣，讓我釋放潛能，超越自我。」愛麗絲聽得入神，然後

問力克：「你知道現實中的小鴨是怎樣在水中浮起嗎？」這時，比特手拿着一條大浴巾走進浴室。聽到他們的對話，他微笑着說：「小鴨浮在水面上看似輕鬆自如，但其實牠的腳掌在水中不斷撐動，努力地游着，這樣才可保持浮力。這就像別人的成功看起來很容易，但背後其實有着難以想像的努力與付出。」年幼的愛麗絲不太理解比特說的人生道理，只是從比特手中接過大浴巾，細心地為力克抹乾身上的水滴。

接着，愛麗絲帶力克走進她的房間。「看！這是我最愛的洋娃娃！還有，這是我最喜歡的獨角獸童話故事書！」她雀躍地向力克介紹房間的每個角落，房間裏的家具和物件大都是她心愛的粉紅色，營造出一種夢幻氛圍。牀上放着一隻可愛的小兔布偶，而牀邊則有一隻真的灰色短毛小貓慵懶地躺着。愛麗絲向力克介紹說：「這是小貓阿積。」阿積冷淡地望了力克一眼，然後優雅地翻過身，伸了一個懶腰，似乎對這位新朋友不感興趣。力克從房間裏圓拱形的小窗望出去，看到遠方有一座淺黃色外牆的建築物。愛麗絲指着它說：「那便是我明年上課的地方。」

窗台上擺放着兩盆小蘭花，力克把自己的小蘭花放在中間。當三個花盆並排在一起時，愛麗絲意外地發現它們竟然屬於同一款式，顏色都是深褐色。她注意到力克的花盆上有一道深深的裂痕，於是從書桌旁的櫃子裏拿出一個新的花盆，遞給力克。

「我媽媽以前是開花店的，她賣的花大都種在這款花盆裏。媽媽過世後，爸爸不想觸景傷情，所以賣掉了花店裏的所有東西。最後一次跟爸爸到花店時，我帶走了幾個小花盆，希望能為媽媽栽種她最喜愛的蘭花。」愛麗絲懷念地說。力克接過一個花盆，發現盆底刻了一個山形的標誌，仔細看起來是由三個英文字母「A」組成的。他和愛麗絲一起檢查其他花盆，發現所有花盆的底部都有這個標誌。愛麗絲如發現寶藏般呼叫比特：「爸爸，快來看看！」比特走進房間，用手指輕輕撫摸那凹陷的標誌，充滿懷念地說：「這些標誌有特別的意思，全部都是你媽媽的心意。」

愛麗絲母親想告訴跟她買花的客人：大自然中的植物，生命力其實比人類和動物還要強。因為當面對惡劣環境時，人類和動物都可以選擇遷移到別的地方，但植物卻無法移動，只能留在原地任由風吹雨打，憑着堅毅努力生存。花盆標誌的三個英文字母「A」分別代表：Appreciate（感恩）、Accept（接受）和 Adapt（適應）。當我們面對無法改變的逆境時，要用感恩之心去尋找逆境

所帶來的祝福和意義，然後學會欣然接受，再努力適應。她希望通過盆栽來鼓勵他人，陪伴他們度過每個難關。

力克望着比特認真地說：「就像我從前的主人為我編寫的內置正向思維程式，確實幫助我度過了在未來世界時的每一個難關。」比特點了點頭，贊同說：「正向思維是人生必需的維生素，如同種植盆栽所需的肥料。」愛麗絲機靈地說：「從相反的角度來看這個山形標誌時，我看到第四個英文字母『A』藏在圖案裏面，那一定是代表我的名字 Alice 了！」比特聽到後，不禁會心一笑。

力克小心翼翼地將小蘭花和泥土移植到新的花盆裏，並細心地為小蘭花澆水。這盆小蘭花對他意義重大，因為它在未來世界曾經擁有說話的法力，並鼓勵他克服對黑暗的恐懼。但是，自從乘坐時光機回到這個時空後，小蘭花便沉默不語。雖然小蘭花似乎失去了法力，不再發出任何聲音，但力克感受到它已經找到了屬於自己的角落，而他也找到了自己的家。

愛麗絲坐在牀上，靜靜地看着力克用心地為小蘭花澆水。那棵小蘭花的花瓣柔和光滑，色澤亮麗，比旁邊的兩棵蘭花更漂亮。愛麗絲問：「你的蘭花真的很漂亮，你是怎麼做到的？」力克停頓了一刻，回望愛麗絲說：「在未來世界的古董店，主人曾經教我如何種植蘭花。她說要等土壤表層稍微乾燥，才給它澆水，避免讓根部泡在水裏。」他補充說，「記得不要在陽光直射時澆水，這樣蘭花才能健康成長。」愛麗絲靈光一閃，伸手拿走他的澆水壺，並說：「讓我也為我的蘭花澆水，讓它們能長得像你那棵這麼漂亮。」力克問：「你今天有幫它們澆水嗎？」愛麗絲回答：「早上已經澆過一次了，而且澆了很多。反正多澆一些水，它們就會像你那棵一樣好看吧！」力克連忙阻止她說：「多澆水並不會讓花兒長得更茁壯，反而會淹死它們啊！你要定時定量地灌溉、施肥，還要把它們放在陽光充足的位置，這可不是一朝一夕的事呢。」聽了力克的話，愛麗絲思考了片刻，然後放下了澆水壺說：「好吧，明天再澆水吧。」

晚飯後，愛麗絲和力克坐在客廳的沙發上，電視機上正在播放一齣驚嚇的怪獸電影。電影中，每當夜深人靜，一隻雙眼閃爍着詭異黃光，全身毛茸茸的怪獸便會潛伏在黑影中，靜靜地襲擊那些沉睡的人，令人毛骨悚然。力克目不轉睛地盯着屏幕，臉上露出驚慌的表情說：「愛麗絲，這怪獸好可怕！」他像個小弟弟一樣，瑟縮在愛麗絲的背後。「不用怕，有我在！」愛麗絲緊緊抱着力克安慰他說。

到了睡覺的時候，愛麗絲跟比特說想力克在她房中進睡，於是比特在儲物房找到一張牀墊，鋪在愛麗絲牀邊的地上。力克躺下來，身體轉向右邊，視線望着愛麗絲。關上燈後房間漆黑一片，力克在牀墊上安靜地躺着，慢慢閉上了眼睛。寂靜中，小貓阿積突然跳到他身上，力克睜眼看到阿積在黑暗中發光的眼睛，誤以為牠是怪獸，即刻彈起來，心跳如雷，驚恐地大喊：「哇！有怪獸呀！」

愛麗絲聽到叫喊聲，立刻開啟牀邊小燈，光線瞬間照亮了整個房間。她看到小貓阿積悠然自得地趴在力克身旁，似乎對力克的驚慌毫不在意。愛麗絲忍不住笑着說：「不用怕，那只是小貓阿積，不是怪獸呢。」她把牀上那隻小兔布偶遞給力克，然後說：「我以前也很怕黑和怪獸的，但媽媽告訴我，小兔仙子會在黑暗中保護我，所以

我每晚都會抱着這隻小兔布偶睡覺。今晚我給你抱着它睡吧！」力克緊緊抱着小兔布偶，慢慢閉上眼睛，安然入睡。

愛麗絲在牀邊靜靜看着熟睡中的力克，輕聲地說：「晚安了，我的小鐵人，希望以後你都能陪伴着我。」然後便關掉牀邊小燈酣然入睡了。

第一個聖誕節

這天是聖誕前夕，剛好是星期天，愛麗絲早上一睜開眼睛，便驚喜地看到窗外飄着初雪。一夜之間，世界像被施了魔法，變成了白色的飄雪世界。她發現力克站在窗邊，手裏拿着澆花壺，細心地為小蘭花澆水。愛麗絲從後面緊緊擁抱着力克，滿臉笑意地說：「聖誕快樂！我的小鐵人。」她的熱情擁抱讓力克感到既溫暖又有點難為情。

愛麗絲急不及待從衣櫃裏拿出聖誕帽子和粉紅色圍巾：「這條圍巾是媽媽親手編織給我的，每年冬天我也會戴着它。」然後問力克：「我們第一次一起過聖誕節，你希望聖誕老人送你甚麼禮物呢？」力克想了一會，靦腆地回答：「我希望收到一隻屬於自己的小兔布偶，那麼晚上便不再害怕怪獸了。」愛麗

絲聽了力克的話，便用顏色蠟筆在他的背部寫下一個聖誕願望：「祈求聖誕老人給他一個小兔布偶，讓他不再害怕黑暗。」

力克注意到圍巾末端有一個心形圖案：「這個心形圖案真別致！」愛麗絲說：「這條圍巾原本破了一個小洞，洞變得越來越大，於是爸爸就在上面縫上一個心形圖案的布章。」無論這條圍巾多殘舊，愛麗絲從未想過要丟掉它，因為那是媽媽親手織給她的。對她而言，這條圍巾是無價之寶，它帶來的温暖是任何商店裏的圍巾都無法比擬。

儘管機器人不會感到寒冷，但充滿童真的愛麗絲仍然將圍巾送給力克，讓他感受到聖誕氣氛中的愛與關懷。看到這個灰藍色機器人配上鮮豔的服飾，愛麗絲覺得有些不合襯。她心裏有個想法，就是請求父親為力克塗上新顏色。

愛麗絲走出房間，沿着樓梯跑向大廳，興奮地叫着：「爸爸，快點替力克塗上新顏色！」比特剛從外面回來，就已聽到愛麗絲喊着。每個星期天早上，比特都會到山丘散步。這天，他一醒來便早早出門，因為他整晚在牀上輾轉反側，想着愛麗絲昨天提到關於機器人力克坐着時光機到來的事。當他走近山丘時，看到幾輛軍車停泊在路邊，軍人們正在處理一個看似太空艙的物體，並圍封附近範圍，嚴密監管。比特看見這個情況，擔心力克會被捉走，便馬上着急地跑回家。他接受了愛麗絲的提議，將力克噴上新顏色，以逃過軍人的耳目。

比特走進儲物室，蹲身尋找愛麗絲最愛的粉紅色噴油。力克站在門口，緊張地望着比特手中的粉紅色噴油。雖然機器人並沒有性別之分，但力克以前畢竟是一個軍事機器人，想像自己變成粉紅色的樣子讓他感到有點尷尬。然而，當他看到愛麗絲滿有期待的眼神，頓時覺得放棄原有的色彩也沒甚麼大不了。

外面停雪後，比特在後院的圍欄上鋪上白布，純熟地搖着噴油罐，準備為力克噴上豔麗的粉紅色。力克非常緊張，愛麗絲則在旁安慰他說：「爸爸經常為修理好的電器噴上新顏色，是個專家。你放心吧，一定會很美的！」話剛說完，力克便已聽到噴油罐發出的「吱吱」聲，伴隨着一陣陣的酒精揮發氣味。

「爸爸，完成了沒有？完成了沒有呀？」愛麗絲興奮地圍着力克繞圈，仔細檢查力克身上的每一處地方。「爸爸，這裏要噴多一點！爸爸，這裏還沒有噴好！」她就像一位追求完美的藝術家，認真地督促着比特。「好好好，我馬上再來！」比特耐心回應，然後再次仔細噴灑，確保力克每一個角落都均勻地覆蓋上粉紅色的油漆。愛麗絲在旁邊不斷點頭，仔細地觀察着每一個細節，內心充滿期待。「啊！終於完成了！」比特放下噴油，高呼一聲。「哇，力克！你看起來太棒了！」愛麗絲興奮地說。力克低頭看着自己的身軀，驚訝地發現自己變得如此鮮豔可愛。

到了下午，比特帶着愛麗絲和力克到小鎮的大街上逛逛，準備買一些燈飾來佈置家裏，迎接聖誕節。力克對周圍的一切充滿好奇。他來自的未來世界到處都是單一的灰暗色調，街上的人們都沉迷於手中的電子屏幕，彼此之間毫無交流，整個城市顯得冷漠。相反地，現在他所處的世界充滿了色彩，人們熱情地交談，帶着歡笑互相問好。進入小店後，店員們都讚美愛麗絲的粉紅色機器人十分可愛，更送了他們兩個氣球。愛麗絲聽到別人的讚美，立刻牽起力克的手，一邊哼着聖誕歌，一邊自豪地走着。比特走在愛麗絲和力克的背後，望着他們的背影微笑。他們腳步輕快，手中的氣球如在空中舞動。

大街轉角處有一個公園，裏面有一個鞦韆，那是比特經常帶愛麗絲遊玩的地方。這次，愛麗絲不再撒嬌要求父親陪她玩，而是拉着力克的手如箭般衝入公園。她興奮地

對力克說：「我們一起盪鞦韆，看看誰盪得更高！」比特跟着他們，掏出菲林照相機拍下了他們盪鞦韆時的快樂模樣，直到雪再次落下，他們才依依不捨地回家。

回到家後，他們一起佈置聖誕樹。比特將小松樹搬進客廳，愛麗絲興高采烈地拆開包裝盒，將剛從小店買回來的小花球掛在樹上，最後，力克小心翼翼地把閃亮的小星星插在樹頂。「嘩啦！小孩們，來看看這裏！」比特亮起七彩燈串，準備圍在聖誕樹上。小貓阿積看到閃亮的燈光，立刻走過來並用前腳抓着燈串，更快速翻滾，將燈串捲在自己身上。

力克連忙上前解開燈串，抱起阿積帶牠上二樓，但當他再走下來時，阿積已經比他更快一步，走回到樹前，繼續抓着燈串。力克無奈地又一次抱牠上二樓，結果卻是同樣的情況，讓比特和愛麗絲忍不住大笑起來。比特對力克說：「不要浪費力氣了，小貓有自己的個性，你是阻止不了牠的決心。」力克望向比特，又望向阿積，心裏思考着：「那麼機器人的個性是怎樣的？我應該學習阿積有堅定的決心嗎？」

晚飯後，愛麗絲從衣櫃裏拿出一隻聖誕襪送給力克。臨睡前，力克和愛麗絲將聖誕襪掛在窗前，仰望星空，誠心許願。整晚，力克在牀墊上輾轉反側，無法入睡。這次他不是因為害怕怪獸，而是期待聖誕老人的來臨。

早上起牀後，力克立刻跑到窗前，驚喜地發現聖誕襪裏裝得滿滿的。他伸手進去，摸到一個軟綿綿的東西。「有個小兔布偶在聖誕襪裏，聖誕老人昨晚真的來過！」

力克驚喜地大叫。愛麗絲看着他甜絲絲地笑着。這其實是愛麗絲的小兔布偶，但她特意為這卡其色小兔加上了一頂粉藍色的帽子和一件連身衣，還配上了一條白色圍兜，讓它看起來煥然一新。力克天真地緊緊抱着這個可愛的小兔布偶說：「從今以後，每晚我都會抱着這個小兔入睡，不再害怕黑暗中的怪獸了！」

然後，愛麗絲興奮地拆開比特送她的聖誕禮物，裏面是一個晶瑩剔透的水晶球。水晶球裏裝滿雪花，還有一隻可愛的小兔。當輕輕搖動它時，雪花夢幻般緩緩飄落，營造出迷人的冬季景象。愛麗絲希望用水晶球占卜未來，她凝視着水晶球，輕聲問：「我將來會有白馬王子陪伴我過幸福快樂的生活嗎？」就在這時，比特慢慢走到她身旁說：「愛麗絲，人生並不需要水晶球來預測，未來是由你自己雙手塑造的。」愛麗絲回頭看着比特，心裏有些不明白。比特摸着愛麗絲的頭，微笑地說：「希望有一天你能明白，人生如一段旅程，充滿了未知與無限可能，每個人都可以用自己的方法去尋找幸福。」愛麗絲天真地問：「若有無限可能，那麼我可以找到不同國家的王子陪伴我一起生活嗎？」「親愛的，不要那麼貪心啊！」比特無奈地說。一直在旁邊聽着的力克，心裏默念：「親愛的，無論未來怎樣，我都會永遠陪伴着你，守護着你。」

線斷的風箏

在餘下的假期，比特時常帶着愛麗絲和力克到湖邊遊玩。湖邊風景非常優美，碧綠的湖水在陽光下閃閃生輝，四周長滿深綠色的松樹，環繞着一片寧靜的氛圍。

曾當過軍人的比特，教導力克和愛麗絲一些結繩的技巧作救生之用，但愛麗絲卻最愛用繩索扮演西部牛仔，跟力克在草地上追逐嬉戲。比特又教愛麗絲和力克用木棍和宣紙製作風箏。當風箏在晴朗的天空中展翅高飛時，比特耐心地示範如何掌握風的方向，並穩定地控制風箏的線。愛麗絲接過線轆，在草地上奔跑着，力克跟隨在她背後，

將風箏拋上半空。當風箏迎着風飛往天上時，愛麗絲嘗試讓風箏在空中翱翔。比特手持菲林照相機，除了拍攝愛麗絲與力克放風箏的情景外，還捕捉到了風箏與白雲交相輝映的美麗時刻。

愛麗絲的笑聲在湖邊迴盪，這一刻，她感到無比快樂。然而，正當他們得意忘形時，突然一陣強風襲來，風箏的線頓時緊繃，力克說：「愛麗絲，將線轆給我控制吧。」愛麗絲還未及將線轆交到力克手上，空中傳來「啪」的一聲，風箏便斷了線。風箏瞬間失控，隨着強風迅速飄向天際，最終消失在雲層中。

愛麗絲的笑容頓時消失，眼中閃着失望的淚光。她抬頭望向比特，困惑地問：「爸爸，我們不是已經控制好風箏了嗎？為甚麼會斷線？」比特蹲下來，輕輕擦去女兒臉上的淚水，溫柔地說：「有時候，無論我們多麼努力，都會發生意想不到的事情。雖然風箏斷了線，但它也因此獲得自由，飛到更遠的地方。」

到了中午，比特打開野餐籃子，示意力克把三文治拿出來預備午餐。愛麗絲一邊咬着雞蛋三文治，一邊思索剛才風箏的意外，雖然內心感到有些難過，但她抬頭望着天空，想像着那隻風箏在雲上自由飛翔的樣子，心裏祝願它能飛到屬於自己的目的地。

午餐後，比特拿起足球與力克切磋。其後，他用菲林照相機捕捉力克控球時的奇特花式，留住這些有趣時刻。愛麗絲提議來場足球比賽，讓力克與比特一較高下。她當上守門員，並把兩根樹枝插在草地上作為球門。隨着愛麗絲的一聲令下，比賽正式開始。

比特靈活地帶着足球，左轉右閃，而力克則緊緊跟隨其後。就在比特一不留神的時候，力克從側面成功搶到了球。他小心翼翼地帶着足球朝球門跑去，但比特不斷試圖攔截。在慌亂中，力克竟然用手把球捧起來，驚慌地跑着。愛麗絲和比特大叫：「力克！足球比賽可不能用手！」力克停下腳步，不明所以地摸着頭說：「那豈不是很難？」比特笑着回答：「足球比賽的挑戰之處正是因為不能用手，這才讓遊戲更有趣。」

比賽繼續進行，力克巧妙地用腳踢着足球，成功超越了比特，最後用力一踢，差點將足球送進了球門。愛麗絲伸出雙手將球撿起，力克見狀大叫：「愛麗絲，你犯規！足球比賽可不能用手！」愛麗絲笑着回答：「我是守門員，所以可以用手拿足球啊！」這時，比特也從後面跑過來，輕輕摸了摸兩個小朋友的頭說：「好了，我們到湖邊休息吧，等會兒再慢慢講解踢足球的規則。」

黃昏時分，他們三人坐在湖邊欣賞夕陽。比特從口袋中拿出口琴，吹奏起《天鵝》樂曲的旋律，那情境宛如一幅美麗的圖畫。

回家晚飯後，比特如常躲進地庫的黑房裏，一邊播放着爵士音樂，一邊細心沖曬照片。愛麗絲也跟着走進黑房，當父親的小助手。比特將已沖曬好的照片遞給愛麗絲，讓她放進相框掛在牆上。看到照片中力克古靈精怪的動作，愛麗絲忍不住哈哈大笑。

站在愛麗絲身後的力克好奇地問比特：「為甚麼你喜歡用菲林照相機拍照？現代的數碼相機和智能手機也可以隨時隨地拍攝。」比特微笑着回答：「這是一個好問題。科技讓一切變得方便、簡單，甚至幾乎沒有限制，但這也讓我們對拍照的珍惜感減少了。一般菲林膠卷只有三十六張底片，在拍攝每一張照片之前，我都會深思熟慮，認真調整角度、燈光和構圖，才按下快門。相比之下，愛麗絲時常拿着智能手機自拍或隨意拍攝，雖然她的手機裏有成千上萬張數碼照片，但她從未仔細思考過拍攝的意義。這正是因為沒有限制，失去了拍攝的精髓。」聽到比特的話，愛麗絲拿起菲林照相機細心地端詳。

「愛麗絲，告訴爸爸，你的夢想是甚麼？」比特問。「我想成為一位出色的攝影師，讓力克當我的模特兒！」愛麗絲天真地回答。然後，愛麗絲問站在身後的力克：「力克，你的夢想又是甚麼呢？」力克呆呆地望着愛麗絲，不知怎樣回答，然後他望向牆上的一幅風景照片說：「我的夢想是當一片白雲，不斷在

天空中變成不同的形狀飄浮着。」比特和愛麗絲不約而同地回望力克，哈哈大笑起來。

在比特忙於工作的日子裏，力克陪伴愛麗絲到湖邊的空地練習騎單車。力克默默地在單車旁扶着愛麗絲，每當愛麗絲跌倒時，力克總是鼓勵並耐心安慰她。有時候，他甚至故意裝作跌倒，逗得愛麗絲開懷大笑。每當愛麗絲望着身旁的力克，都感到無比的幸福，她知道自己找到了最好的朋友——一個永遠陪伴着她，忠心地守護着她的機器人。

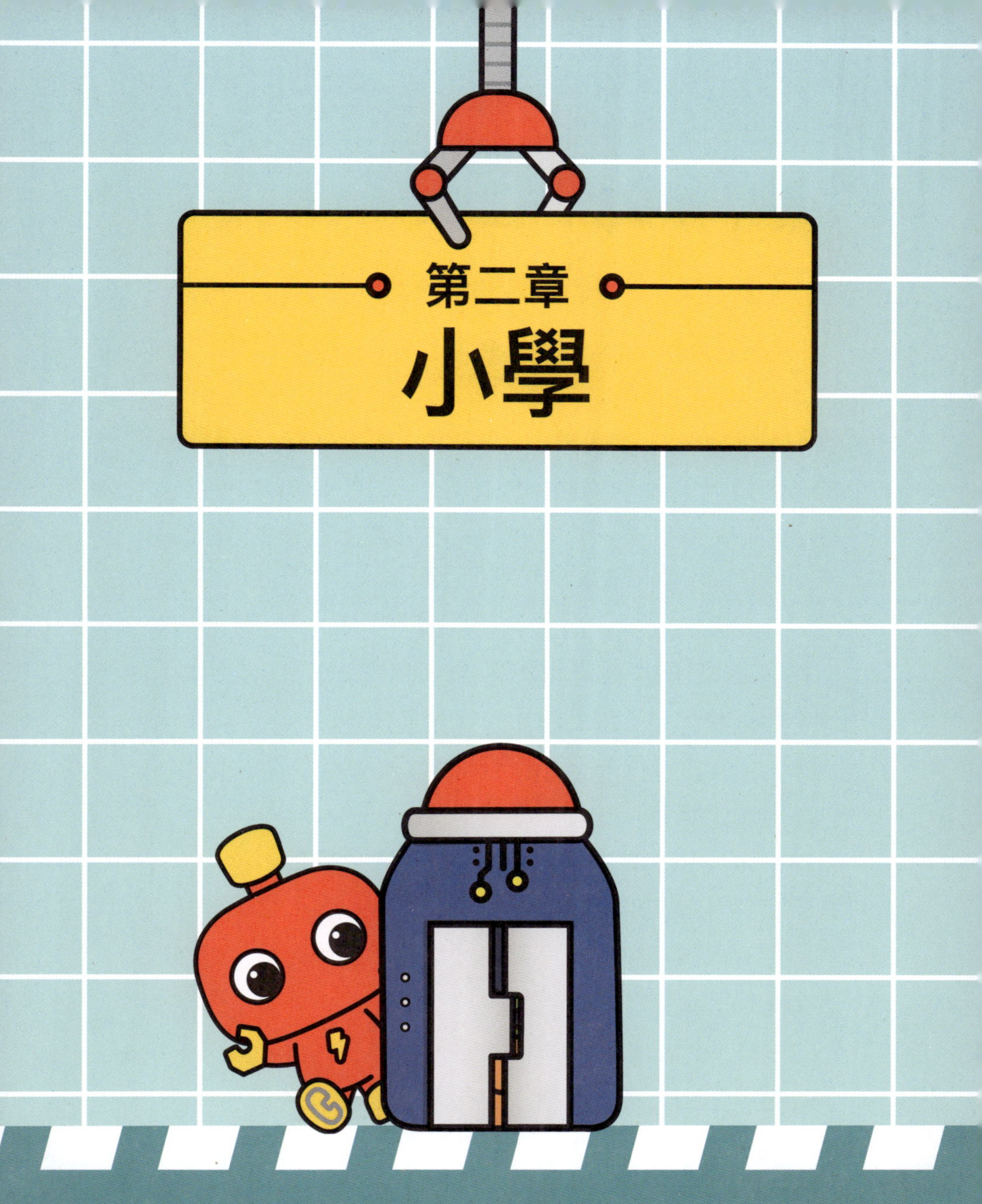

第二章
小學

BELIEVE YOU CAN

初次上學

新學期開始了，愛麗絲和力克懷着興奮的心情步入學校。在這個校園，幾乎每個孩子都有一個機器人陪伴上課，照顧他們在校園中的一切事務。這些機器人擁有初階的人工智能，不僅能提供課堂上的協助，還能與小主人一起學習和成長。從這一個學期開始，愛麗絲身邊也終於有了一個機器人陪伴着。

力克背着愛麗絲的書包，一邊走一邊問：「愛麗絲，你最喜歡哪一課？班上有多少同學？老師是個怎樣的人？」愛麗絲來不及回答，只是拉着力克的手，匆匆地跑上樓梯，大叫：「走快一點！我們快要遲到了！」愛麗絲和力克走進課室，看到一羣紅色機器人正在為自己的主人整理書本、放好書包，準備好課堂所需的文具用品。力克為愛麗絲挑選了一個窗邊的位置，然後也模仿其他機器人的樣子，為她擺好書本，像一個乖巧的學生般坐在愛麗絲身旁，耐心地等待老師上課。

愛麗絲的前方坐着一個束着馬尾辮子的金髮女孩，衣着打扮流露出高貴的氣質，應該是來自富裕的家庭。她轉過頭來，用那雙碧藍色的眼睛望向愛麗絲，自我介紹說：「你好，我叫米娜。我爸爸剛買了附近一個農場，我們一家今個月才搬到這個小鎮。」愛麗絲介紹了自己和力克後，忍不住望向米娜身旁的紅色機器人。

「你的機器人叫甚麼名字？我覺得他的紅色身軀很酷！」愛麗絲好奇地問。「噢！他是今年最新款的家庭機器人，型號是 T286。我沒有給他起名字，他只是一個機器人。」米娜回答。

上課鐘聲響起，一位身形微胖的老師走進課室，她留着淺啡色捲髮，戴着一副圓圓的金絲眼鏡，看上去活力滿滿。她以響亮的聲線向全班同學說：「各位同學早安，我是麗莎老師，今個學期將擔任你們的班主任和體育老師。」其他的機器人靜靜地坐着，唯獨力克跟着同學們大聲地回應老師：「麗莎老師，早安！」力克的機器人聲音清晰而趣怪，立刻吸引了全班同學的目光，大家不禁哈哈大笑，令愛麗絲感到尷尬萬分。

力克在課堂上表現得格外積極和專注，渴望學習人類世界的各種知識。相比之下，班上的其他機器人都是最新型號，出廠前已安裝了各種資訊軟件，無需太費心學習，他們的任務只是陪伴主人。因此，擁有粉紅色外形的力克在這羣紅色機器人中，無論在外觀還是學習態度上，都顯得截然不同。

課堂中，麗莎老師觀察到愛麗絲經常望着窗外的風景做白日夢。這位充滿想像力的女孩，幻想着與力克一起乘坐時光機去探索埃及金字塔、亞馬遜熱帶雨林、冰島極光、中國萬里長城等世界名勝。相較之下，力克則非常認真上課。麗莎老師好奇地問他：「你為甚麼會這麼認真學習呢？」力克回答：「因為我對周圍的事物充滿好奇，希望了解它們的運作原理。在未來世界的主人告訴我，知識是改變自己和世界的重要工具。如果能理解人類的歷史和文化，就能更好地融入社會，達成未來目標。」麗莎老師對力克的回答感到很驚訝，覺得他是一個與別不同的機器人，於是繼續問：「人類知識的世界十分複雜，經常會面對許多困難，你會如何堅持下去呢？」力克自信地回答：「世上沒有學不會的事情。」麗莎老師會心微笑，心想：「如果每個學生都有這種想法和態度就好了。」

相信你就是奇跡

下課後，米娜邀請愛麗絲和力克到她家。沿途上，T286一直背着書包走在米娜身後，按照米娜母親預設的程式指示，每逢過馬路時都會提醒米娜要留意交通燈號，注意路面車輛。而力克則被愛麗絲緊握着手臂，肩並肩地走着。

走進米娜家，二樓傳來開門聲，一位一頭捲髮的女士走出來，那就是米娜的母親。米娜抬頭向母親介紹：「媽媽，這是我在班上剛認識的新朋友愛麗絲，旁邊是她的機器人力克。」「愛麗絲，歡迎來到我們的家！我叫露比姨姨，你的粉紅色機器人真可愛。」露比姨姨熱情地說。力克抬頭望向露比姨姨打招呼：「露比姨姨，你好！」

突然，房間裏傳出嬰兒的哭聲，露比姨姨立刻跑回房間，然後抱着一個嬰兒慢慢地走出來，他就是米娜的小弟弟。愛麗絲和力克興奮地跟着米娜走上二樓。愛麗絲望着嬰兒欣喜地說：「寶寶真可愛啊！」露比姨姨對他們說：「以前米娜還是嬰兒的時候，長得跟她的弟弟一模一樣。」米娜從櫃子裏取出一本照片冊，讓愛麗絲看看她嬰兒時的樣子。米娜一邊翻着那本厚厚的照片冊，一邊笑着講述照片中的故事，愛麗絲看得津津有味。

露比姨姨懷中的嬰兒看到粉紅色的力克，睜大了眼睛，停止了哭泣。嬰兒的雙手不斷指向力克，似乎在要

求他抱抱。露比姨姨望着力克，覺得他看起來像個褓母機器人，於是將嬰兒交給他抱着，然後坐在牀上靜靜地看着他。力克接過嬰兒，低下頭，看着他細小的身軀，感應器探測到微弱而急促的心跳聲，感受到一種充滿活力的生命氣息。力克的頭頂小燈亮着微弱的燈光，雙眼與嬰兒對視，嬰兒隨即露出燦爛的笑容，雙手好奇地指着力克頭上的小黃燈。

力克對露比姨姨說:「人類的生命真是十分奇妙。」「你知道嗎？一個嬰兒能夠順利從母親的肚子中受孕、成長，到來到這個世界，機率僅有億分之一。因此，嬰兒的誕生實在是一個奇跡！」露比姨姨解釋說。

力克回想起在未來世界的時候，小蘭花曾對他說類似的話：「一個機器人的誕生，從設計、研發、改良，到成功生產並投入使用，過程中必須經歷億分之一的機率。」他問露比姨姨：「每一個機器人的誕生也是一個奇跡嗎？」聽到力克的提問，露比姨姨瞪大了眼睛望着他，心想:「聽說來年新款的家庭機器人將會有進階版的人工智能思考能力，但這個機器人看起來是舊款型號的，為甚麼他似乎擁有獨立的思考能力呢？真是獨一無二！」露比姨姨問力克：「你是甚麼型號的機器人呢？」力克搖搖頭回答：「我不知道自己是甚麼型號，我只知道我的名字叫力克。」

紅色機器人

一天下課後，學生們一同到球場打籃球，機器人們則列隊站在球場旁觀賽，為小主人們打氣。

忽然，一羣頑皮的男生追着力克，大聲喊叫：「追趕那個粉紅色的外星人！」他們用紅色蠟筆塗畫力克的臉，又將外星人頭像貼紙貼在他身上，還用籃球擲他。力克只好雙手抱着頭保護自己。

愛麗絲和米娜立刻衝上前阻止那羣男生，並吩咐T286去找老師來幫忙。老師趕來之後，愛麗絲和米娜合力扶力克到一旁，並問力克發生了甚麼事。力克說：「他們問我是甚麼型號的機器人，為甚麼是粉紅色的。我回答

說我是力克，是來自未來世界的機器人。然後，他們說機器人不應有自己的名字，還說粉紅色很醜，接着還叫我未來世界的外星人，再用籃球擲向我。」

愛麗絲感到十分憤怒，對力克說：「他們這樣對你，為甚麼你不反擊？」力克回答：「在學校裏，我們必須遵守校規。打架是違規的行為，我是不能做的，我也不願意傷害別人。」

愛麗絲摸摸力克的頭，再和米娜一起清理力克身上的泥濘、顏料和貼紙，然後合力扶着力克回家。T286 則按照米娜的指示，替她和愛麗絲拿書包。

回到家中，愛麗絲將力克被欺負的事情告訴比特。比特說：「無論因為甚麼原因，打人都是不當的行為。明天我陪你們到學校找老師溝通，並且要那些學生向力克道歉。」粉紅色的力克隨即表示：「我沒有大礙，已原諒他們了。」愛麗絲則無奈地站着，沉默不語。雖然愛麗絲最喜愛粉紅色，可是為了力克的安全着想，她還是開口詢問力克：「力克，你願意塗上紅色嗎？」力克點點頭回答：「沒問題。根據網上的資料顯示，紅色是彩虹的第一道顏色，象徵着新的開始。」此時，米娜興奮地插嘴說：「比特叔叔，讓我來幫忙吧！」

於是，比特走到儲物室找噴油。他本想在後院為力克噴灑，但發現當時天色已昏暗，於是移到客廳，在米娜的協助下為力克噴上紅色。愛麗絲低着頭坐在樓梯上，聞到刺鼻的噴油味道，抬頭看到一身紅色的力克站在客廳中央，驟眼看起來和米娜的 T286 並無差異。紅色的力克提

起精神，充滿活力地擺出電影明星的姿勢，愛麗絲也終於露出了笑容，跳到力克的身旁，高興地說：「爸爸，快來給我們拍張合照！我想把這張漂亮的照片放在我的牀邊，讓我每天都能看到！」

比特將雙手清洗乾淨，拿出菲林照相機給愛麗絲及紅色的力克合照，然後開啟電腦在網上搜尋力克的型號：「愛麗絲，力克的正式型號叫 T50 軍用救援機器人，以後你可以叫他 T50。」愛麗絲對力克的新顏色和新名字感到非常新奇，很快便忘記了在學校的不愉快事件。

從此，愛麗絲在學校開始稱呼力克為 T50，而這個擁有紅色外殼的機器人也不再遭到排斥和欺負，繼續專心在課堂上學習知識。儘管這個紅色的 T50 外觀上與課室內的其他機器人無異，但他的內心仍然是與別不同的。

誰是主人？

春季假期開始，米娜相約愛麗絲到她家附近的空地溜狗。在前往空地的路上，力克擔憂地跟愛麗絲說：「在未來世界裏，狗隻性格兇悍，沒有人類把牠們當作寵物的。」力克指着自己左前臂繼續說，「我也曾受過野狗的襲擊，手臂上有被咬傷的痕跡。」愛麗絲想了一會，回答他：「不會吧，狗狗十分溫馴友善，是人類的忠心朋友。一會兒你跟牠玩的時候，我會用爸爸送給我的即影即有相機為你拍照的！」

當他們到達時，看到米娜正拖着一隻聖伯納犬，身旁還有她的 T286 機器人。愛麗絲見這隻巨型狗狗十分可愛，立刻跑上前去摸牠的頭。力克急忙地從後面追着愛麗絲，提醒她要小心。愛麗絲蹲下來輕撫着狗狗的身體，狗狗翻過身，躺在地上，肚皮朝天，讓她為自己按摩。愛麗絲回頭叫力克快來一起玩，力克向前走了幾步，但又遲疑地停下來。米娜告訴他：「這隻狗的名字叫斑尼，性格很溫順，你試試叫牠的名字，向牠示意友好。」力克思索了一會，然後叫了一聲「斑尼」。狗狗立刻轉過頭來，朝力克撲過去，一下子將他推倒在地，熱情地舔着他的臉。力克害羞地喊叫：「斑尼，不要這樣啊！斑尼……」可是斑尼聽到力克重複叫着自己的名字，越加高興地舔着他，米娜和愛麗絲都忍不住捧腹大笑。

愛麗絲此時不忘為力克拍下這些歡樂的時刻。然而，由於她已習慣於智能手機的連環快拍，結果一不小心便連拍了三次。隨着「咔嚓咔嚓」的聲響，相機連續彈出了三張像連環圖般的照片。這時，她才驚覺自己所帶的菲林只可拍攝八張照片，心想：「哦，我得小心點，想清楚每一張照片該如何拍攝。」

之後，米娜在草地上撿起一根樹枝，然後將它拋向遠方。斑尼立刻像箭一般衝出去，快速地追着樹枝，再用嘴巴銜起樹枝，把它帶回來放在米娜的腳邊，抬頭伸出舌頭，就像在告訴主人：「再玩一次吧！」米娜將樹枝遞給力克，叫他試試看。力克不斷把樹枝拋向遠方，斑尼則重複地撿起樹枝，興奮地跑回來。隨着遊戲的進行，斑尼似乎成為了力克的新朋友，力克也漸漸放下了戒心，忘記過去不愉快的經歷。

愛麗絲、米娜和 T286 站在旁邊，看着力克像個小孩子般與斑尼玩耍。其間，愛麗絲透過相機的鏡頭捕捉力克與狗狗玩樂的有趣時刻，希望這些照片能紀念力克和斑尼之間的珍貴友誼。

直到太陽慢慢下山，米娜才叫 T286 為斑尼戴上頸帶，然後將頸帶交給力克，叫他試一下帶着斑尼散步。力克接過頸帶，斑尼回頭望向他，隨即又興奮地向前跑去。力克被斑尼拖着，繞着草地狼狽地奔跑。米娜見狀，立刻叫 T286 上前幫忙。T286 接過頸帶，穩穩地拉着斑尼，然後用沉穩的聲音說：「跟着我走！」斑尼隨即安靜下來，乖巧地跟着 T286 的腳步走。而米娜亦說了一聲：「跟着我走！」T286 立刻服從地跟隨着她。力克看到這個情況，體會到一種階級觀念，明白米娜是 T286 的主人，而 T286 則是斑尼的主人。

在回家的路上，力克沉默地跟在愛麗絲的身後，就像一個小僕人。愛麗絲察覺到他的異樣，問：「為甚麼你總是走在我後面，還沉默不語？」力克低下頭回答：「我只是一個機器人，你是人類，即是我的主人。」愛麗絲靜思了一會，然後說：「我覺得你是我的朋友，就像米娜一樣，因為你有愛心而且很善良。」力克聽到愛麗絲說自己是她的朋友，並且地位與米娜相同，內心充滿了喜悅，忍不住開始跳躍，走到愛麗絲旁邊。愛麗絲將剛拍攝的照片遞給力克，力克看到照片後非常高興，讚美說：「這些照片的構圖真美！」愛麗絲微微一笑回答：「還用說嗎？我花了很多心思呢。」

回到家中，比特看到愛麗絲滿身泥濘，立刻叫她去洗澡。他也拿起濕布，為力克抹去身上的泥土。這時，小貓阿積走過來，用頭輕輕擦着力克的腳。力克想起剛才和斑尼的遊戲，於是叫：「阿積！」阿積聽到自己的名字，瞥了力克一眼，然後懶洋洋地跳上沙發。見阿積反應冷淡，力克彎下身拾起地上一個小毛球，輕輕拋向沙發旁邊的地上，繼續叫：「阿積！阿積！」毛球落地時發出輕微的聲音，阿積立刻彈起身來，望了望地上的毛球，隨即又懶洋洋地躺回沙發上。力克不甘心，繼續叫：「阿積！阿積！」但小貓阿積完全不理會他，反而翻過身來，擺出四腳朝天的姿勢，繼續享受自己的悠閒時光。

然後，一陣急促的腳步聲從樓梯上傳來，洗完澡的愛麗絲從二樓奔下客廳來，喊着：「爸爸，我很餓，快煮晚餐給我吃！」力克轉頭望向那隻不聽指令的小貓，再望向一旁服從指令的比特，更加覺得疑惑了：「究竟誰才是家中的主人呢？」

搖搖

一天，愛麗絲在房間內專心地温習功課。力克在愛麗絲牀邊的小櫃上發現了一個圓形的小物件，認出這是搖搖。力克興奮地拿起這個綠色的搖搖，問愛麗絲：「你懂得玩這個嗎？」愛麗絲放下鉛筆，回過頭來對力克說：「哦，這是爸爸和我出國旅遊時買的。我玩了幾次都沒有成功，但那裏的店員真厲害，可以做出各式各樣的花式。」力克回憶在未來世界的古董店裏，主人也教過他怎麼玩搖搖，但他始終未能成功做出任何花式。

力克在網上搜尋搖搖的原理，了解如何利用旋轉的動能和繩子與軸心間的摩擦力，將搖搖迴轉、懸停，在搖搖轉動期間做出花式，再順暢地將搖搖捲回到掌上。力克知道要成功做出花式，必須勤加練習，於是他與愛麗絲定下每天一起練習三十分鐘的時間表。

隨着每天的努力，他們終於掌握了兩款花式動作。回到學校後，愛麗絲在小息時向米娜展示，還引來了許多同學圍觀。同學們不斷發出讚歎聲，這讓她感到無比驕傲。在旁的力克對愛麗絲說：「希望你明白，努力一定不會辜負你。」

拯救小鴨

週末，愛麗絲騎着單車與力克到湖邊遊玩，享受下午時光。玩了半天後，兩人感到累了，便坐在湖堤上休息。力克望着平滑如鏡的湖面，一羣可愛的黃色小鴨在岸邊漫步。愛麗絲依偎在力克身旁，微風輕輕拂起她的髮絲，兩人靜靜地欣賞着大自然的美景。

力克忽然注意到湖面上出現了一個又一個的小漣漪，於是抬頭仰望天空。天上驟然烏雲密佈，隨即傳來陣陣雷聲，下起傾盆大雨。「我們趕快回家吧！」愛麗絲拍拍力克的肩膀，站起來轉身騎上單車。突然，力克看到一隻初生的小鴨寶寶從岸邊滑倒，掉進了湖水中，瞬間被大雨沖到湖的中央。

愛麗絲踏了幾步單車，發覺力克沒有跟上來，便回頭看看。她看到力克奮不顧身地跳進水中，朝湖的中央走去，試圖拯救小鴨寶寶。湖水越來越深，不懂游泳的力克仍未抵達湖的中央，已經差不多被水淹沒。不消一會，她只看到力克頭頂的小燈在湖面上閃爍，朝着徬徨的小鴨寶寶移動。

「力克！力克！快回到岸上！」愛麗絲的叫喊聲被巨雨和雷聲掩蓋，力克的頭頂小燈已完全被湖水淹沒，只有小鴨寶寶在湖中呱呱叫着。愛麗絲驚慌萬分，一邊大聲喊着力克的名字，一邊衝向湖邊。因為過於慌張，她不慎撞

上湖邊的石塊，重重地跌倒在地。她感到腳踝傳來一陣刺痛，膝蓋也受傷流血了，但雙眼依然緊盯着湖面，拼命地呼喊着力克的名字。

暴雨不斷拍打着水面，突然，一隻機器人手掌從湖面伸出來，托起了小鴨寶寶的身軀。暴雨使湖水變得非常混濁，力克的頭已被淹沒，他完全無法辨別方向，只能站在原地，伸高左手臂牢牢托住小鴨寶寶。

愛麗絲咬緊牙關，忍着疼痛艱難地站起來，從單車上拿出繩子，依照父親教導的方法，將繩索綁在樹枝上。然後，她用盡全力將繩索拋向湖中央，大喊：「力克！抓住那樹枝！」

力克的顯示器不斷發出危險警告，告訴他不能在水底待太久，這讓他開始感到慌張。他突然感受到前方有一件硬物拍打水面，便伸出右手摸索，發現是一條樹枝，於是立刻抓緊它，緩緩向岸邊移動。小鴨子亦爬到力克的頭上，依傍着他的頭頂小燈。看到力克抓住樹枝，愛麗絲用盡全力一下一下地把他拉上岸。

當力克終於上岸的一刻，愛麗絲鬆一口氣，然後才感到左腳踝上的劇痛，瞬間倒在地上。力克將小鴨寶寶放回鴨媽媽身邊，讓牠們團聚。而他的情緒探測器顯示愛麗絲的痛楚指數極高，於是他迫不及待地背起受傷的愛麗絲，朝着回家的方向奔去。

在泥濘路上，大雨漸漸停下，愛麗絲的臉倚靠在力克的背部。愛麗絲問：「力克，剛才你為何不顧自己的安危去救那隻小鴨寶寶？」力克想了一會，回答：「以自己的能力去拯救別人，這不是一種本能反應嗎？就像你忍着腳踝的痛去拿繩子救我一樣。」愛麗絲痛得淚盈滿臉，同時感受到力克不單是個勇敢的機器人，他的內心還充滿着憐憫和慈悲之心。

回到家門前，心急如焚的力克用力敲着大門。比特被急促的敲門聲驚醒，從半透明的小窗看到力克背着愛麗絲的身影，立刻感到不妙。大門還未完全打開，力克已經用身體撞開大門，衝進客廳，將愛麗絲輕輕放在沙發上。比特從未見過力克這麼着急的樣子。

比特看到愛麗絲臉上流露出痛苦的神情，腳踝腫脹得非常厲害，膝蓋也流了很多血。他眼見情況十分危急，立刻用紗布給愛麗絲止血，然後背起她登上小貨車，朝小鎮的醫院駛去。

醫生細心地為愛麗絲檢查，診斷她的左腳踝骨折，必須打石膏四個星期。而且，她膝蓋上的傷口太深，需要縫針處理。愛麗絲不斷哭泣，一隻手緊緊抓住比特，另一隻手則緊握着力克。看到她滿臉的痛苦，力克心裏充滿了深深的內疚。

從那天起，力克成為了愛麗絲的小看護。每天，他都推着輪椅送愛麗絲上學，細心照顧她的起居飲食。他答應愛麗絲，每天都會為她準備一份她最喜愛的草莓班戟，直到她痊癒，能夠重新走路為止。力克每晚都會穿上圍裙，走進廚房，細心製作草莓班戟。雖然手腳笨拙，這個機器人卻依然全力以赴，經常弄得滿臉都是白色的粉末，而他的白色圍裙上則沾滿了草莓果醬。

看着力克有趣的樣子，坐在輪椅上的愛麗絲感到很幸福，這成為了她每晚最期待的節目。而每當力克看到愛麗絲津津有味地吃草莓班戟，弄得滿臉都是果醬的可愛樣子，心中也充滿了喜悅。

比特看見愛麗絲狼吞虎嚥地吃着班戟的樣子，說：「不要吃得那麼急，這樣就不能仔細品嚐力克為你細心製作的食物啊。」他注意到貼心的力克還為愛麗絲準備了一壺花茶，便對愛麗絲說：「你先喝一口花茶，再慢慢地吃一口班戟，看看味道是否有不同。」

愛麗絲聽從爸爸的建議，感受到茶香與奶油在味蕾上交融，味道更加昇華。她滿意地對力克說：「你這個天才小廚師，我給你滿分！」

經歷這次意外後，他們的感情變得更加深厚，力克不再只是愛麗絲的小玩伴，而是像她的大哥一樣守護着她，愛麗絲亦越來越依賴和信任這個機器人。

Believe You Can

體育課的鐘聲響起，受傷的愛麗絲只能呆坐在輪椅上，眼睜睜看着同學們在球場上打籃球，心裏感到很失落。這時，力克看見草叢中有幾朵紫色小花落在地上，便拾起來送給愛麗絲。當愛麗絲看到力克傻乎乎地拿着小花走過來時，臉上露出微笑。麗莎老師看到力克的舉動感到出奇，心想：「為甚麼這個機器人會懂得逗主人開心呢？」老師向坐在輪椅上的愛麗絲問：「這個是甚麼型號的機器人？我也想擁有一個。」愛麗絲回答：「他是我的好朋友，名字叫力克。」不知不覺間，愛麗絲在學校也不再叫力克為 T50 了。老師看着力克推着愛麗絲離開球場，心想：「如果機器人能擁有獨立的思想，並能與人類進行情感交流，那將是多麼奇妙的事情啊！」

到了第二個星期的體育課，愛麗絲依舊只能坐在輪椅上，無法參與課堂活動。她看到同學們邊說邊笑地奔跑，而自己卻在球場外動彈不得，感到非常沮喪。麗莎老師見狀，立刻走過來，蹲在愛麗絲的輪椅旁關心地問：「愛麗絲，你為何哭得這麼可憐？」「我已經兩星期不能走路了，無法和同學們一起玩耍，我怕他們會不理我。」愛麗絲的眼淚不斷流下。聽到愛麗絲的哭訴，老師低頭望着她受傷的腿，說：「傻孩子，看看石膏上同學們的祝福，他們都非常關心你。再過一個星期，你就會好起來了。」

愛麗絲聽到老師的安慰，望向石膏上同學們留下的彩色筆跡，還有一個太陽圖案貼紙，停下了流淚。老師微笑着問：「即使這一刻不能走路，你還能寫作嗎？你還能唱歌嗎？你還能看書嗎？」愛麗絲堅定地回答：「可以！可以！可以！」老師繼續鼓勵說：「那麼，不要讓這塊小石子絆倒你，阻礙你的人生。」

麗莎老師回憶自己小學時期，因為體型既肥胖又矮小，常常遭到同學的嘲笑和排斥。儘管如此，她心裏始終懷有成為運動員的夢想。然而，在體育課上，她的表現卻不盡如人意，跑步總是慢人一步，體能訓練也跟不上進度，讓她每次上體育課都感到十分自卑。

回到家中，麗莎老師的祖母看到她沮喪的神情，輕聲安慰說：「我知道你已經很努力了，雖然你跑得不快，但你的努力是值得被肯定的。」她失望地對祖母說：「我的體型根本無法成為一名運動員。」祖母卻慈祥地說：「這只是一塊小石頭，不要讓它絆倒你。」

祖母用心為她織了一條手繩，上面有「Believe you can」的句子，並告訴她這條手繩擁有神奇的力量，只要戴上它，就能幫助她實現夢想。第二天的體育課，麗莎老師積極地與同學們一起打排球，心中一直默念着：「Believe you can，有信心定能做到！」帶着手繩的她充滿自信，不再理會他人的目光，只專注於眼前的比賽。她的扣殺和攔網都充滿力量，出色的表現為她的隊伍贏了比賽。這一刻，麗莎老師感受到自信的力量。自此，她專注於排球訓練，在中學和大學期間更在公開比賽贏得了無數獎項，最終還成為一名體育老師，將自己的堅毅奮鬥經歷分享給學生。

分享完小時候的經歷後，麗莎老師問愛麗絲：「你有夢想嗎？」「我有！這次受傷，使我明白不能走路的痛苦。因此，除了成為出色的攝影師，我還希望將來能研究機械義肢，讓那些無法行走的人能夠行走，甚至跑得比正常人更快！」愛麗絲回答時，眼神充滿了希望。「對了，勇敢的小女孩。所有的困難終會過去，很快你就會康復，甚至變得比以前更加強壯。」然後，老師在她的石膏上寫下「Believe you can」這句話，叮囑她要一直相信自己。

愛麗絲看着這句話，內心漸漸被信念的力量所填滿。她決定不再憂愁，而是用這句話來激勵自己，相信凡事都有可能，期待着康復的日子。就在這時，一直站在旁邊的力克被老師的話深深啟發，鼓起勇氣向老師提出：「老師，我也想在我的背後寫上這句話，這樣我就能時刻提醒自己，無論遇到甚麼困難，我都要相信自己！」

麗莎老師聽後，臉上露出了欣慰的笑容，於是在力克的背後左下方用畫筆寫下了「Believe you can」這句話，然後叫他們緊記：「信念是推動人生持續不息的燃料。」愛麗絲

Believe you Can
Anna

也將自己石膏上的太陽圖案貼紙小心翼翼地撕下，貼在力克背後的右肩上，希望這個太陽能給他帶來能量與温暖。

老師看到這一幕，不禁感動起來，對着兩位小孩說：「愛麗絲，你真了不起！別人為你帶來亮光，讓你感受到温暖，而堅強的你又成為了自己快樂的太陽，將這份熱能傳遞給他人。」愛麗絲聽到老師的讚美，內心有點飄飄然，然後俏皮地模仿着老師的語氣向力克說：「力克，你也要成為自己的太陽啊！」

一星期後，比特和力克帶着愛麗絲到醫院覆診。醫生細心地為她拆除腳上的石膏，護士則為愛麗絲準備了一雙枴杖，並安排她明天回醫院進行物理治療。回到家中，比特為愛麗絲塗上潤膚霜，因為她腳上的皮膚長時間在石膏包裹下感到不適。愛麗絲抱怨說：「我左腳感覺很奇怪，彷彿不再是自己的。」力克在一旁踱步，心中充滿了擔憂。

第二天，力克陪伴愛麗絲來到物理治療室，開始進行肌肉復康訓練。愛麗絲扶着欄杆，像一歲的小孩般學走路。她向前走了幾步後，左腿感到乏力，跌倒在地上。力克立刻上前攙扶她，當愛麗絲再次嘗試走了幾步後，又再次跌倒，她不禁抱怨說：「這麼辛苦，我不想再站起來了。」

此時，力克蹲在愛麗絲面前，叫她用雙手搭住他的肩膀，再嘗試站起來走動。愛麗絲不經意地看到力克背後的「Believe you can」字句，立刻想起麗莎老師的鼓勵：「只要相信自己，任何事都能做到。」她不由自主地說了一句「Believe you can」。力克聽到後轉過頭來，微笑着說：「愛麗絲，只要你努力、不放棄，一定會成功的。」

蝴蝶的蛻變

愛麗絲的腿康復後，回復了往日的活躍好動，下課後經常和力克到米娜家中的花園，一起玩桌上遊戲和縫製布偶。每次小女孩們來到花園之前，米娜的 T286 機器人總會細心地清理草地，並把野餐布鋪好。當她們開始遊戲時，他就像個保鑣般靜靜地站在旁邊，耐心等待指令。

力克則像個天真活潑的小孩，充滿好奇心地在花叢間觀察小昆蟲，他最喜歡看着綠色的小毛蟲在花莖上爬行，又用天馬行空的想像力，替花園裏的昆蟲賦予角色——甲蟲是嚴肅的老師，正在指示勤奮的螞蟻學生們，排着整齊的隊伍。

不經不覺，米娜的弟弟快一歲了，他在花園蹣跚學步，露比姨姨在背後為他打氣。豈料一不小心，弟弟跌倒在地，臉上露出要哭的表情。但是，他在大家的鼓勵下，鼓起勇氣站起來，繼續向前走。

力克望着米娜的弟弟，對露比姨姨說：「原來人類的本性如此強韌。這小孩跌倒後，竟然不需要別人幫助，便會自己站起來，跟我們機器人一樣。」露比姨姨點頭說：「沒錯，機器人的積極與堅毅，其實源自於人類的性格強項。但是，隨着年齡增長，人類常常受到情緒和心態的影響，容易失去耐性，甚至因挫折而感到氣餒。即使有他人的支持，有時也難以振作，陷入一蹶不振的境地。」露比姨姨這番說話讓力克知道人類也有脆弱的時候，想到從前是機器人向人類學習，但如今是否要反過來人類向機器人學習積極正面的生活態度呢？

話說到此，米娜的弟弟已慢慢走到露比姨姨的腳旁，抓着她的腿叫着：「媽媽，媽媽。」露比姨姨抱起他，兩人一起望着樹上的葉子，而力克的視線亦轉向樹上，發現一條毛蟲在枝葉間結了蛹。力克驚訝地叫：「可憐的小毛蟲死了！」正當力克想拿起蟲蛹並將牠埋葬在泥土裏，讓小毛蟲得以安息之際，米娜突然上前緊緊捉住力克的手，阻止他觸碰蟲蛹。米娜說：「毛蟲只是結蛹，不是死掉啊！」力克詫異地回答：「真的嗎？在未來的世界裏，由於環境污染嚴重，生態系統受到影響，那時候幾乎沒有破蛹而出的彩蝶，連鳥類也幾乎絕種，只剩下烏鴉仍留戀於垃圾堆積區。我曾經見過毛蟲結蛹，但那經常是牠生命的

最後階段。」米娜回答：「毛蟲結蛹，蛻變成蝴蝶，這是生命必經的旅程啊。」

露比姨姨輕輕摸了摸米娜的頭頂，說：「蛻變不是蝴蝶的獨有權利，我們每個人都可以。」她繼續說：「在你們未來的成長過程中，難免會面對像毛蟲結蛹那樣黑暗孤獨的時刻，但只要懷着勇氣堅持下去，蛻變的一天總會到來。到時候，你們就會像破蛹而出的蝴蝶，綻放光彩。」

小女孩們聽了露比姨姨的話，跟 T286 一樣，似懂非懂其中的意思。米娜爭着說：「我聽爸爸說過，黎明來臨前的那一刻，正是夜晚最黑暗的時候。」此時，一直沉默的 T286 也難得參與討論：「在黑暗的夜晚，星星才會顯得格外明亮。」他補充說：「這是科學堂老師說的。」愛麗絲則指着力克笑着說：「力克是最怕黑的，但我送了一個小兔布偶給他，所以他不再害怕黑暗了！」大家望着力克捧腹大笑起來。

此刻，力克的思緒已超越了露比姨姨話語背後的意思，他默默地思考着：「蝴蝶蛻變後只能活出一瞬間的燦爛，就正如我從灰暗的未來世界來到彩色的現在世界，能源亦將有耗盡的一天……」他的沉思很快就已被女孩們的喧嘩聲打破，她們叫着：「力克，快點過來，遊戲開始了！」

愛麗絲的生日

今天是愛麗絲的生日，趁愛麗絲還未起牀，力克在廚房為她製作生日蛋糕。蛋糕的材料包括新鮮的草莓及奶油，他還特意加入藍莓和果仁，讓蛋糕更加美味可口。比特則把一份粉紅色包裝的生日禮物放在餐桌上，力克很心急想知道禮物盒子裏究竟藏着甚麼。兩人都期待着愛麗絲醒來後，在大廳裏看到這份精心預備的生日驚喜。

不久，樓梯上傳來了「砰嘭砰嘭」的腳步聲，愛麗絲急匆匆地從睡房跑到客廳。比特和力克高聲祝賀：「愛麗絲，生日快樂！」然後，力克從廚房捧來生日蛋糕，蛋糕上點燃了八根蠟燭，代表愛麗絲八歲生日。

大家唱完生日歌後，比特輕輕摸了摸愛麗絲的頭，叮囑她要好好許下心願才把蠟燭吹熄。此時，力克心中有些疑惑，不太理解人類慶祝生日的原因。比特微笑着解釋：「生日是慶祝生命的好機會。這一天，我們不但回顧自己過去一年的成就，而且展望未來設定新目標。生日也讓家人和朋友聚在一起，分享快樂。生日不僅代表年齡的增長，也提醒我們感恩生命，珍惜每一刻。」

愛麗絲閉上眼睛默默許下願望，然後一次過吹熄八根蠟燭，迫不及待想要品嚐美味的蛋糕。接着，比特把生日禮物送給愛麗絲。她拆開禮物，驚喜地發現裏面是一個古董放大鏡，其古銅色的金屬外殼與粉紅色的皮革手柄相當

HAPPY BIRTHDAY ALICE!!!
Believe you Can

合襯，手工極為精緻。愛麗絲調皮地用放大鏡來看力克的眼睛和面孔，然後發出一陣哈哈大笑。

吃過蛋糕後，比特一邊聽着古典音樂，一邊在餐桌上清潔一個古董花瓶，輕柔地擦拭花瓶上的灰塵。這個花瓶呈現典雅的珊瑚綠色，頂部點綴着金黃色的紋飾，兩側還有一對精緻的手柄。比特邀請愛麗絲和力克欣賞這個花瓶，愛麗絲拿起放大鏡仔細觀察，驚訝地說：「哇，這條裂痕真大！這個花瓶看起來不太完美，為甚麼還值得收藏呢？力克，給你看看吧。」力克接過放大鏡，仔細地端詳着：「在放大鏡中，我能看到花瓶上的紋飾細緻入微，顏色搭配更是巧奪天工！」比特微笑地說：「孩子們，雖然你們使用同樣的放大鏡，但所發現的東西卻大大不同！」他指着花瓶上的紋飾說：「這個花瓶是十八世紀初的作品，是在大戰時期，愛麗絲祖母逃難時仍帶在身邊的珍貴物品。」

愛麗絲認為，無論紋飾多麼精美，花瓶上的裂痕讓它看起來並不完美。比特耐心地解釋：「這條裂痕正是它故事的一部分。當時你的祖母在防空洞避難，不小心把行李掉到地上，花瓶因而產生了這條裂痕。祖父見狀，連忙幫她執拾散落一地的物件。

這造就了他們第一次相遇，兩人在戰火中彼此扶持，最後墮入愛河。」比特回憶起小時候，他母親常常跟他講起這個花瓶的故事，每次看着那條裂痕，他都感受到其意義特別，認為那是浪漫的印記。聽完祖父母的故事後，愛麗絲滿臉通紅，心裏想着：「我的白馬王子會在哪裏出現呢？」

這天剛好是奧運會舉行的日子，到了晚上，比特、愛麗絲和力克聚在客廳，一起觀看電視直播精彩的乒乓球比賽。選手們身軀敏捷，手握小巧的球拍，靈活地擊打着乒乓球，展現出驚人的速度，力克和愛麗絲看得拍案叫絕。

不久，比特便回房休息，並叮囑他們看完這場比賽後便睡覺。愛麗絲聽到比特關上房門，便趁機叫力克來場乒乓球比賽。他們將書本疊在餐桌上作為球網，然後拿起乒乓球拍開始較量。由於力克的動作不夠敏捷，愛麗絲一直遙遙領先，並不斷催促他說：「快一點！看準一點！」力克努力追着球，成功接住了愛麗絲的一個強力扣殺，但卻不小心撞上背後的古董收藏櫃，比特的珍貴花瓶應聲倒地，兩側的手柄斷裂，碎片四散在地上。兩人面面相覷，深知今次闖禍了。

愛麗絲靈機一動，提議說：「不如我們就說是小貓阿積打破花瓶吧。」但力克不同意地說：「我們不能撒謊，做錯事就得誠實承認。」愛麗絲則晦氣地說：「那你告訴爸爸是你做的，與我無關。」於是，力克拿着破裂的花瓶敲比特的房門，低聲說：「對不起，比特，我不小心打破了你的花瓶。」比特打開房門，看到破裂的花瓶，問：「怎麼會這樣？」力克立即解釋，這是因為他們在家裏打乒乓球時，不小心撞到了。比特眉頭一皺，叫愛麗絲出來：「你們在家裏打球，怎麼只有力克來道歉？」愛麗絲事不關己地回答：「是力克碰到的，跟我有甚麼關係呢？」比特則嚴肅地說：「我已經告訴你們很多次，不可以在家裏打乒乓球。如果你當時站在力克的位置，打破花瓶的就是你。所以你都有責任，應該一起來道歉。」愛麗絲聽到比特的責備，不情願地對他說了一句「對不起」，便氣沖沖地跑回了自己的房間。

力克緊隨其後，關心地問：「愛麗絲，你怎麼了？」愛麗絲生氣地說：「都是你這個笨蛋，害我被爸爸責罵了！你快點向我道歉！」力克覺得一頭霧水，只好說了一句：「對不起。」力克又從抽屜裏拿出一支超能膠，說：「不如我們一起把花瓶修好吧！」於是，愛麗絲跟力克一起將花瓶的手柄修復好。

最後，他們敲響比特的房門，將修復好的花瓶遞上。比特看到那滿是裂痕的花瓶，愣了一下。力克說：「看看這些裂痕，我們為這個花瓶增添了新的故事啊。」比特無奈地笑了，將花瓶小心翼翼地放回收藏櫃中。比特心裏也為愛麗絲許了一個生日願望，希望愛麗絲在成長的過程中，能夠學習力克的率直和誠實，用這種真誠的態度面對錯誤，這才是她人生中寶貴的財富。

游泳課

轉眼間，愛麗絲已經升上高小。夏季來臨，學校的游泳課也隨之展開。愛麗絲穿上泳衣，戴上泳帽和泳鏡，準備上游泳課。雖然今個學年麗莎老師不再是他們的班主任，但仍然擔任他們的體育老師。

在泳池邊，機器人們整齊地站立着，手中拿着毛巾耐心等候他們的小主人。力克特別細心，時刻留意着愛麗絲的一舉一動，確保她沒有遇到任何危險。「撲通」聲響，同學們相繼跳入水中，手腳交替地划水，濺起陣陣水花。

去年暑假剛學會游泳的愛麗絲，在水中努力地跟隨米娜游着。但是，同學們的速度實在太快，當她完成三個循環，停下來喘息時，發現自己已經遠遠落後於人。她感到又累又氣餒，眼淚在眼眶中打轉，但她努力忍住不讓眼淚流下來。

力克注意到愛麗絲的情況，立刻走過來輕輕把毛巾遞給她，讓她擦乾臉上的水點。麗莎老師亦走過來，關心地問：「愛麗絲，你為甚麼停下來了？」愛麗絲回答：「游泳不好玩，我更喜歡打籃球，因為可以和同學們一起享受團隊合作的樂趣。」麗莎老師微笑着說：「其實，游泳是一種很好的鍛煉。在水中你可能感到孤獨，因為你聽不見聲音，無法與他人交流，但是也沒有對手可以影響你的表現。你在水中的每一次划水，都是在挑戰自己的極限，這完全是你和水的阻力對抗，是屬於你個人的成就。」

力克發現，原來人類運動背後隱藏着渴望挑戰自我和與他人競爭的本性，這使得人類在面對逆境時，能夠勇於迎接挑戰，追求進步。相比之下，機器人則僅僅專注於完成眼前的任務，從未具備挑戰或競爭的心態。這讓他深思：「究竟哪一種性格特質才更為理想呢？或許，結合人類的挑戰精神與機器人的專注執行力，將會是未來最佳的發展方向。」

愛麗絲聽完麗莎老師的話，亦似乎有所領悟。此時，力克轉過身來，手指着自己背部下方那「Believe you can」字句，鼓勵她要相信自己：「每一個與水阻抗衡的動作都不會白費力氣，因為每一次用力都是對抗挑戰的堅持，讓你不斷前進。」力克的鼓勵讓愛麗絲的心情瞬間變得豁然開朗，她把毛巾遞回給力克，重新戴上泳鏡，然後再次游入水中。麗莎老師搭着力克的肩膊，和他一同看着愛麗絲重新在水中奮力向前游的樣子，衷心說了一句：「小女孩，Believe you can。」

機器人與愛情鳥

在一個烏雲密佈的午後，愛麗絲放學後與力克沿着小路匆匆地走回家。突然，小雨點開始「滴嗒滴嗒」打在葉子上，不久便下起了滂沱大雨。兩人急忙地跑，正當他們跑到半路時，力克在草叢中發現一把破舊的雨傘。他撥開草叢興奮地說：「我找到了一把傘子！」可是，當他打開雨傘時，卻發現它是破爛的，傘布只剩下一半。

力克毫不猶豫地撐起雨傘，將完好的一邊為愛麗絲擋雨，而自己的頭頂上只有另一邊雨傘支架。兩人跑到大樹下避雨，愛麗絲看到雨水如珠串般一直淋在力克的身上，心中感激力克的體貼。

大雨漸停，當他們準備離開時，忽然聽到後方傳來「吱吱」叫聲，原來有一個鳥巢被強風吹落到地上。鳥媽媽受了傷無法飛翔，旁邊有一隻小鳥寶寶不安地在地上跳動，發出微弱的叫聲。力克和愛麗絲連忙將鳥巢撿起，抱着鳥兒回家。

回家後，愛麗絲問力克：「力克，你能幫忙修復鳥巢嗎？」但力克搖着頭說：「這個鳥巢已經毀壞，不可能修復了。」這時，比特剛好經過客廳，看到桌上「吱吱」叫的鳥兒，說：「沒有事情是不可能的！我們可以為鳥兒建造一個新的鳥屋！」愛麗絲聽到比特的提議後，立刻拿出工具箱，與力克一起用木工材料製作了一間簡單而可愛的

鳥屋。比特看到小鳥媽媽和她的孩子在鳥屋中安靜地憩息時，滿心喜悅地對孩子們說：「看看，這是你們用雙手創造的小奇跡！」

晚飯後，力克透過網上資料得知鳥兒的品種名稱是「愛情鳥」，學習如何照顧鳥兒，並告訴愛麗絲要為鳥兒準備食物。他們在花園裏收集各種果子，準備一頓豐盛的晚餐給鳥兒。深夜時，鳥兒安然棲息在小屋中，力克看着牠們安靜地入睡，心裏感到很欣慰。

日子一天一天過去，愛麗絲放學後都會細心照顧鳥兒，餵食牠們，觀察牠們的成長。在力克和愛麗絲的悉心照顧下，小鳥寶寶漸漸長大，受傷的鳥媽媽也逐漸痊癒，偶爾輕輕拍打翅膀，試着飛翔。愛麗絲特別喜歡把果子放在力克的頭上，讓鳥兒飛到他頭上，啄食美味的果子。力克不敢動彈，像個小士兵般筆直地站立着，逗得愛麗絲開懷大笑。

然而，當看見鳥兒飛得越來越高，愛麗絲開始擔心牠們會飛走，再也不回來，於是愛麗絲決定把牠們困在籠子裏。鳥媽媽顯得越來越沉鬱，不像之前一樣活潑。牠靜靜地站在籠子的邊緣，眼神中流露出一絲失落。愛麗絲看到後，不禁感到疼惜，於是走近鳥媽媽，輕聲問：「你怎麼了？是不是哪裏不舒服？」比特目睹了這一幕，向愛麗絲說：「你不能永遠把鳥兒困在籠子裏，牠們喜歡在天空中自由飛翔。」愛麗絲卻回答：「我非常喜歡牠們，如果把牠們放回叢林，我就不能再和牠們玩了。」力克告訴愛麗絲：「愛情鳥是一雙一對的，我想鳥媽媽現在一定在掛念鳥爸爸，牠們需要彼此的陪伴啊。」愛麗絲聽後恍然大悟，決定讓鳥兒回到牠們原本生活的地方。

於是，力克與愛麗絲帶領比特前往當初發現鳥巢的大樹下，並由比特和力克負責將鳥屋和鳥兒放回樹上。儘管力克對於高處有些害怕，但愛麗絲在旁不斷為他打氣說：「放膽踏出多一步，相信自己一定可以做到！」在愛麗絲的支持和鼓勵下，力克漸漸克服了恐懼，勇敢地放膽一試。最終，他們將鳥兒安全地放回樹上。就在此時，盤旋在樹林上空的鳥爸爸飛回來，停在鳥屋上，與家人團聚。愛麗絲和力克靜靜地觀看，心中充滿了喜悅與欣慰。這一刻，他們感受到了一種無法言喻的幸福。

古老物件

某個黃昏，比特在收藏箱裏挑選了一隻古典音樂的黑膠唱片，將它放在留聲機上，然後輕輕放下唱針。隨着黑膠唱片轉動，留聲機悠然地播出貝多芬樂曲的旋律。小貓阿積聽到音樂，豎起雙耳，伸了個懶腰，然後在地上舒適地躺下，晃動着尾巴。

這時，愛麗絲走上前對力克說：「現在沒有人喜歡這種古董留聲機了。」她展示自己手機上的音樂播放程式，裏面儲存了各式各樣的音樂。她繼續說：「為甚麼爸爸總是喜歡黑膠唱片呢？他收藏的唱片不多，只能不斷重複播放，而我手機裏卻有成千上萬的歌曲，厲害多了。」聽到愛麗絲的話後，力克立刻在網上搜尋黑膠唱片與數碼音樂的比較，然後對她說：「其實數碼音樂的音質始終不及黑膠唱片。因為黑膠唱片能夠捕捉到更多的音樂細節，音質更為細膩。」愛麗絲並不同意力克的話，爭辯着說：「如果我想聽現在最流行的少女樂團音樂，會有黑膠唱片嗎？但我可以隨時隨地在音樂播放程式下載得到。」力克嘗試在網絡上搜

尋少女樂團的黑膠唱片，果然發現搜尋結果為零，於是愛麗絲定下結論：「古老物件總是比不上現代科技。」

隨着貝多芬樂曲在空氣中迴盪，留聲機傳來「沙沙」聲響。比特問兩位小孩：「你們聽到嗎？」他們都點頭表示聽到。「這就像是黑膠唱片的歲月痕跡。每次這首樂曲播放到這個位置時，都會有這個音色上的小缺陷，這種獨特性是數碼音樂沒有的。」比特繼續說。

比特又從收藏箱裏拿出一個卡式帶播放器及一箱卡式帶。兩人好奇地翻着這些卡式帶，感到十分新奇有趣。愛麗絲將小手指放進卡式帶上的洞裏，捲動裏面的磁帶，一不小心令磁帶慢慢地跑了出來。比特急忙制止她說：「不要弄壞這些卡式帶，它們是非常珍貴的收藏品。」愛麗絲疑惑地問：「這些卡式帶播放時都會有音色上的缺陷嗎？」比特點頭說：「會的，播放得太多的話，磁帶會有損耗，音色可能會越來越模糊。」他示範如何將卡式帶放入播放器，讓愛麗絲按下播放鍵。比特告訴她，如果想聽另一首歌，不能像音樂播放程式般直接選歌或跳播，而是需要按下一個向前的按鈕，再憑感覺去估計甚麼時候按下播放鍵。當第五首歌播放完後，播放器突然停頓了，比特接着說：「聽完卡式帶這面的最後一首歌後，要把它反轉才能聽下一面的歌曲。」愛麗絲覺得這樣的操作有點麻煩，於是問：「為甚麼還要收藏這些東西呢？」比特微笑着回答：「因為這些卡式帶不單承載着我最喜愛的音樂，還有我的回憶。」比特翻着箱子內的卡式帶說：「這些是你祖父買給我的，那些是我中學時辛辛苦苦地省下零用錢買下的，

每一盒都記錄過去的點滴。使用卡式帶播放音樂時，我會享受那種獨有的儀式感，動人的旋律和美好的回憶交織在一起，這是數碼音樂無法帶給我的。」

力克一邊聽比特的解說，一邊上網搜索資料，了解卡式帶的磁帶是如何運作。他發現雖然現今社會大都將資料儲存在雲端上，但仍然有不少大型企業和科技公司使用舊式磁帶來備份重要資料。比特看到力克對卡式帶感興趣，便從收藏箱裏拿出一部卡式帶隨身聽，對力克說：「這個送給你，是當年愛麗絲祖父送給我的生日禮物。」力克興奮地收下這份禮物，十分期待用它來聽音樂。比特又請他從卡式帶收藏中挑選一盒自己喜歡的，力克三心兩意地看看每盒卡式帶，最後挑選了一盒懷舊愛情金曲帶。比特笑着說：「真有品味！這正是愛麗絲媽媽送給我的第一份情人節禮物。」力克覺得很有意思，那天晚上他帶上耳機，沉醉在懷舊愛情音樂中。模糊的音色就如像帶他穿越時光，感受比特和妻子熱戀時期的甜蜜回憶。

第三章 中學

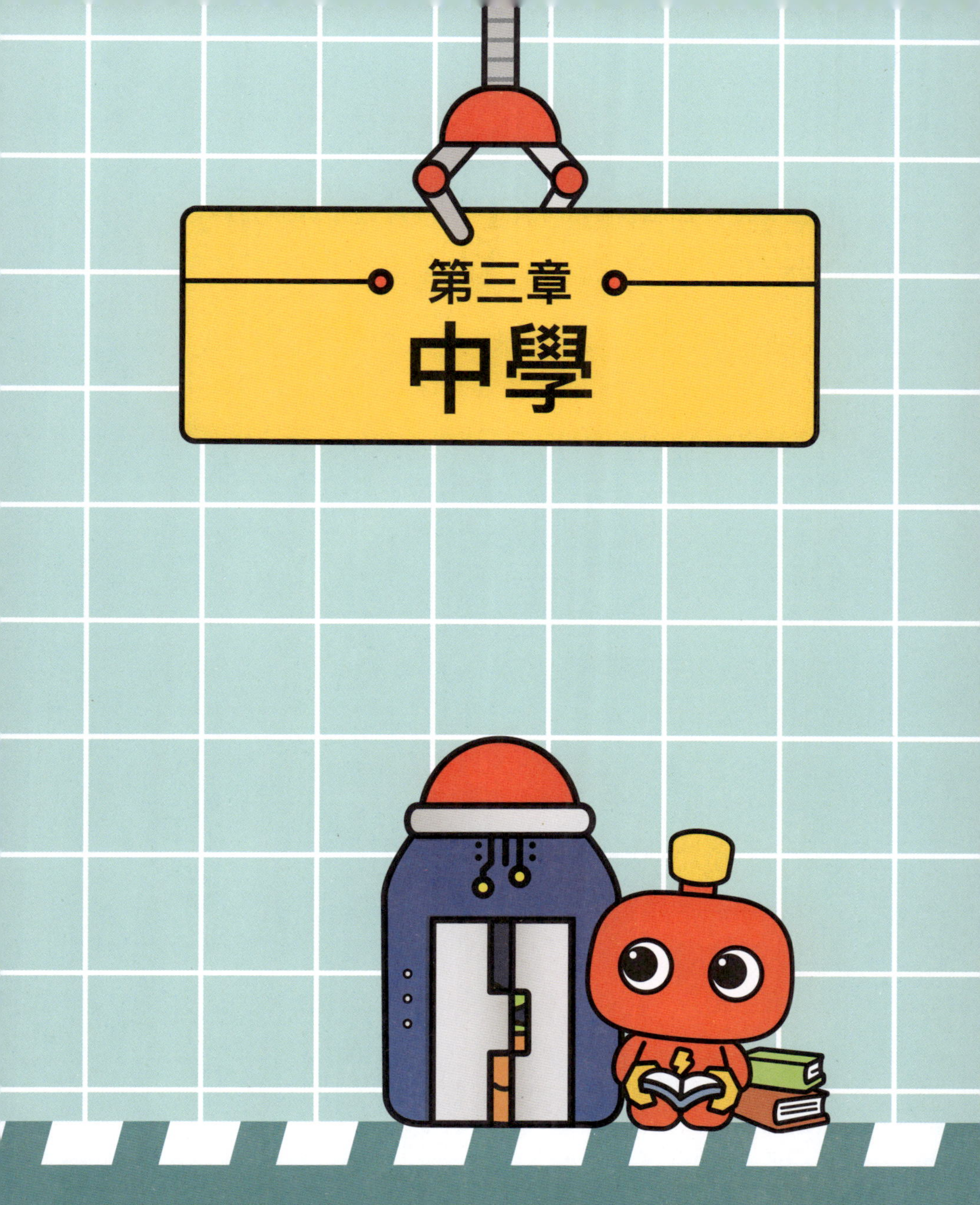

HAPPINESS IS A CHOICE

魔方的人生哲理

時光飛逝，不經不覺愛麗絲已成為了一位初中學生。升上中學後，愛麗絲和米娜雖然不再是同班同學，但她們依然保持緊密聯繫。而力克和 T286 也依舊在她們的身邊，陪伴着主人一起上課。愛麗絲和米娜的身高已經逐漸超越了這兩個機器人，讓人感覺就像姐姐帶着弟弟一起上學。

這天，愛麗絲跟米娜相約在學校飯堂吃午飯。米娜從袋裏拿出一個五彩繽紛的魔方，問愛麗絲：「你能將魔方每一面的顏色還原嗎？」愛麗絲拿着魔方，扭上扭下，扭左扭右，卻始終無法成功。米娜接過魔方，用了數分鐘時間便將它還原。坐在桌旁的力克好奇地拿起魔方，利用內置的電腦程式，瞬間就將六面顏色回復到原來的樣子。他不僅能夠快速還原魔方，還能用不同的公式進行操作，所需的時間一次比一次短。這讓愛麗絲驚歎不已，她從力克手中借過魔方，再嘗試幾次後依然無法成功，她心裏不禁冒出一個疑問：「為甚麼我總是無法做到？」力克感受到愛麗絲的氣餒和失落，於是鼓勵她說：「這個魔方好玩的地方就是它的複雜性。如果只需輕輕一扭就能恢復原狀，那麼你可能很快就不會再碰這個魔方了。」米娜點頭表示贊同，說：「媽媽經常掛在嘴邊的一句話就是『挑戰讓生命更添趣味』。」

上課的鐘聲響起，同學們都開始返回自己的課室，米娜對愛麗絲說：「我借魔方給你拿回家再試試看吧！」在課室的走廊上，米娜回頭做出心形手勢，向愛麗絲大聲說：「別放棄！或許你只是需要多一些時間來破解這個難題！」

回家路上，愛麗絲一直不斷扭動魔方，但始終無法將每一面的顏色還原。這時候，力克決定給她一些啟發，對她說：「魔方六面的中心點都是固定的，只要熟練地掌握不同的還原步驟，就能一步一步地將六個面復原。」愛麗絲疑惑地問：「那麼多的公式，我應該選擇哪一條呢？」力克回答：「你只需選擇一條適合自己的公式，並加以熟練還原的步驟。就像解決問題的方法有許多，我們只要找到最適合自己的方法，努力嘗試，問題就會迎刃而解。」

回到家中，力克幫比特準備晚餐，而愛麗絲則回到房間，上網搜索魔方的教學影片。過了一會兒，當力克走到愛麗絲的房間叫她吃晚飯時，看到愛麗絲沾沾自喜地拿着已還原的魔方走出來。力克注意到電腦屏幕正在播放一段如何將魔方拆卸再重新組合的影片，書桌上還有一個螺絲刀。原來愛麗絲將整個魔方拆散，再重新組合。力克瞪大了眼睛，大叫：「這是作弊！」愛麗絲笑着說：「你不是說解決問題有很多種方法嗎？」力克對愛麗絲的話感到很無奈，心想：「人類靈活的變通力真是厲害！」

圍巾

這天，愛麗絲懷着愉快心情放學。她在手工藝課學會了用毛線編織圍巾，於是問力克：「你想要一條由我親自編織的圍巾嗎？」力克眼睛一亮，回答：「當然想啊！」愛麗絲笑着說：「那麼，你給我製作一個超級美味的草莓班戟，作為交換吧！」力克離開房間時，回眸看到愛麗絲細心地挑選毛線球的顏色，又拿着編織針一針一線細心地編織。他感到這條圍巾是愛麗絲用心機和時間編製的，將會是一份獨一無二，無法用金錢來衡量的禮物。

力克急忙去廚房準備材料，為愛麗絲製作美味的草莓班戟。過了一會，力克在廚房裏高聲叫：「班戟做好了！」愛麗絲聽到後，立刻放下手中的毛線，心急地離開了房

間。可是，就在她享用美味班戟的時候，突然聽到了小貓阿積的叫聲。兩人立刻走進房間，發現阿積全身被毛線團纏繞着，動彈不得。

力克和愛麗絲急忙地幫阿積解開毛線。經過一輪努力，阿積終於鬆脫了，然後像箭一般跳開，留下滿地打了結的毛線球。愛麗絲望着那些毛線球，感到很惆悵，他們嘗試解開那些結，但實在太凌亂了，愛麗絲不耐煩地說：「我不想再弄了！」「你先吃過班戟，待心情好一點，我們再做吧。」力克安慰她，「面對困難，不要放棄，先放鬆心情，歇息後再出發。」等愛麗絲吃飽後，心情果然轉好了，於是他們兩人慢慢地將毛線球上的結逐一解開。

此時，小貓阿積又一次走進房間，拉扯着已整理好的毛線球，愛麗絲見狀立刻追趕着牠。看到此情景，力克不禁無奈地想：「不知道甚麼時候才能完成這條圍巾呢？」

沙鐘的啟示

在數學課上，愛麗絲感到十分困惑。無論她如何努力溫習，成績總是落後於班上其他同學。面對即將來臨的期末考試，她感到壓力重重，內心充滿擔憂。力克察覺到了愛麗絲的狀況，每天放學後都陪她一起溫習，耐心地用一些簡單的例子幫助她理解複雜的數學概念，並在過程中不斷鼓勵她。可是，無論愛麗絲如何努力，每次數學測驗的成績仍然不如人意。

這天愛麗絲一直溫習到晚上，可是依然想不通數學的難題，心情愈加沮喪。她不發一聲地跳上牀，用棉被蓋住了頭部，轉身準備睡覺。力克則一臉無奈地站在書桌旁，看到桌上一個玻璃沙鐘，這是兩人首次相遇時從海灘拾回

來的沙鐘。力克拿起了它，把它倒轉，觀察裏面細沙緩緩流動，上層的細沙一點一點地減少，慢慢流到下層累積起來，這個過程讓他感到十分療癒。

這一刻，力克想起曾經看過一本關於玻璃的百科全書，書中講述了沙與玻璃之間的關係：「細小的沙粒飽經巨大的熱能及沉重的壓力，最終轉化成玻璃。這個物質轉化過程，如同蝴蝶蛻變一樣。細沙變成玻璃後，對人類科技和醫學發展有深遠的影響。顯微鏡上的玻璃讓人類探索微觀世界，觀察細胞和微生物，為醫學診斷和治療提供基礎；温室裏的玻璃讓植物在陽光下茁壯成長，因此人類一年四季都能種植，穩定糧食供應；玻璃又為天文望遠鏡、汽車、飛機甚至在極端環境中勘察的太空船提供清晰視野，讓人類探索更遠的地方。」力克從中明白了一個道理：「堅強的玻璃也是源自脆弱的細沙，只要在時間的見證下不斷成長進步，就能達到每一個新的可能。」

沙鐘上層的沙子終於流盡，力克會心地微笑望着正躺在牀上熟睡中的愛麗絲，決心陪伴這位小主人迎接未來的每一個挑戰，見證她像細沙般在時間的磨練中蛻變成堅強而實用的玻璃。力克關上牀頭小燈，微微俯身在愛麗絲的枕邊柔聲地說：「愛麗絲，請不要放棄，我們明天一起繼續努力吧。」

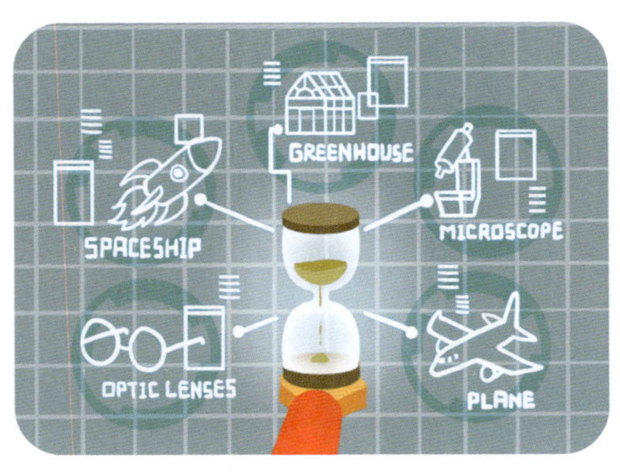

森林中的小經歷

升高中前的暑假，愛麗絲帶着力克走進叢林，想看看小時候他們為小鳥搭建的小屋是否還在。來到樹下，他們抬頭觀看鳥媽媽安靜地在樹梢上棲息，小鳥「吱吱」地唱着歌兒。愛麗絲從背包拿出米白格子布鋪在草地上，和力克一起享受野餐。陽光透過樹葉灑下斑駁的光影，愛麗絲一邊品嚐力克親手做的法式三文治，一邊與力克聊天。他們的笑聲與鳥兒的歌聲交織在一起，如置身於童話世界。

突然，一羣頑皮的男孩出現在不遠處。他們嘻嘻哈哈地走着，並用石頭投向樹上，嚇得樹上的鳥兒急忙展翅飛走，樹梢上瞬間變得空蕩蕩。有些石頭跌在力克的頭上，發出「噹噹」的響聲。「你們在幹甚麼？立刻停止！」愛麗絲大聲喊。男孩們回過頭來，看到愛麗絲和力克，卻只是輕佻地笑了一笑，繼續他們的惡作劇。「嚇走那些鳥兒！這樣才好玩啊！」其中一個男孩頑皮地說，然後又從地上撿起一顆石頭再次擲向樹上的鳥屋。

愛麗絲連忙衝上前阻止，卻被另一個男孩推倒在地上。力克看到愛麗絲倒下，立刻衝上前。雖然他的身材不如那些男孩高大，但他毫不畏縮地用身體擋住他們，不讓他們傷害愛麗絲。愛麗絲雙手慢慢撐起身體，抬頭望向力克，那奮不顧身的表現讓她感到一份安全感。

可是，男孩們不停將石頭扔向力克。力克用手護住頭部，不斷叫着：「不要這樣！不要這樣啊！」面對緊急的情況，愛麗絲在叢林中撿起一塊大石頭，用力地朝地面扔去，嚇得男孩們驚叫一聲。然後，其中一個男孩大叫：「不好玩，我們走啦！」一行人便匆匆離去。

愛麗絲扶起力克，讓他坐在野餐墊上。力克責怪自己為何身形如此細小，無法與那些高大的男孩抗衡。「愛麗絲，我希望自己能更高大、更強壯，這樣才能做更多的事情。」他沮喪地說。愛麗絲安慰他說：「我懂你的感受，這讓我想起了《龜兔賽跑》的故事。」力克眼睛一亮地說：「我記得！那是關於兔子和烏龜的跑步比賽，雖然兔子跑得很快，但因為偷懶反而被烏龜贏了比賽。」愛麗絲點點頭說：「你說得對，這故事教我們要堅持不懈。烏龜雖然速度慢，但憑着耐心和毅力，最終贏了比賽。但其實故事隱藏另一個道理，你有沒有想過如果那場是游泳比賽，兔子還會有勝算嗎？」力克思考了一下，回答說：「嗯……那兔子就肯定不會贏了，因為牠不會游泳。」愛麗絲微笑着說：「正是如此。兔子跑得快但不會游泳，烏龜走得慢但擅長游泳。每個人都有不同的強項，你不需要和別人比較，擁有自己的優點和長處，這才是最重要的。」

愛麗絲撫摸着他的頭說：「內心的強大比外表的強大更加重要。真正的力量來自於你的勇氣、智慧和堅持。這些特質會讓你在生活的各種挑戰中脫穎而出。」力克聽後恍然大悟地說：「我明白了！每個人都有自己的獨特之處，我應該專注於發揮優勢，而不是羨慕別人的長處。謝謝你，愛麗絲！」

在回家的路上，他們聊起今天的遭遇，笑着回想被欺負時狼狽的樣子，這段不愉快的經歷讓他們更加珍惜彼此的深厚友誼。

大衛的智慧

高中的新學期開始了，愛麗絲每天放學後都忙着温習功課，努力跟上急速的學習節奏。力克依舊陪伴着她，作她的學習夥伴。除了幫助愛麗絲解答數學難題，力克也開始翻閱她書包內的各種書籍。他熱愛探索書中的知識，從天文地理、世界歷史到人生哲學，無一不令他着迷。其中，他對人生哲學最感興趣，深刻領悟到一個人生哲理：「快樂源自感恩，逆境雖然看似阻力，卻是成長的推動力。生活中每一個挑戰都促使人走出舒適區，成為更好的自己。」

力克又翻開歷史書，看到博物館中大衛石像的照片而被深深吸引。他開始閱讀大衛勇戰巨人哥利亞的故事。故事中，哥利亞是一個性格兇狠的巨人，輕而易舉地擊倒了

所有來挑戰他的鬥士。年輕的大衛想挑戰巨人，旁觀者們無不對他的能力表示質疑，因為他並沒有擁有強大的身軀或強悍的戰鬥力。但是，大衛並沒有選擇與哥利亞硬拼，而是利用他的智慧和創意來行動，最後用一顆小石塊擊中巨人的要害，成功將他打敗。這個故事讓力克明白到，解決問題不一定需要強大的力量或無謂的硬拼；相反，找到正確的方法才是關鍵。他思考如何將這個道理應用到愛麗絲的學習生活中，引導她積極用創意找出解決問題的方法。

調皮的愛麗絲看到沉思中的力克，故意大聲問：「你在看甚麼？」然後迅速把力克的歷史書搶過來，好奇地翻閱着。她指着書中的沉思者雕像的照片，對力克說：「請你模仿沉思者的姿勢，當我美術功課的模特兒！」力克雖然感到有些無奈，但他知道自己不能違抗主人的命令，只能傻乎乎地模仿沉思者的姿勢，雙手托着下巴，身體微微前傾，努力讓自己看起來像那著名的雕像。可是，由於他是個機器人，這種姿勢對他來說並不自然，他笨拙的金屬身軀頓時顯得格外有趣。

當愛麗絲拿着掃描筆在畫簿上繪畫時，注意到力克的背部有一條曲折的接合位，形成了一條凹凸的線條。此時，比特走到愛麗絲的房間，愛麗絲好奇地問：「爸爸，你覺得這條線是凹還是凸的？」比特笑着回答：「傻孩子，這就要看你的觀點與角度了。」比特指着桌面的水杯繼續說：「就像半杯水的道理，水杯是半空還是半滿，都是你的選擇。生活也是如此，事情是好還是壞，快樂是一個選

擇。」力克抬頭望向那個水杯，從他的視覺系統中看到，它不僅裝滿一半的水，還有一半的空氣。所以，對他而言這個水杯其實是全滿的。正當力克想表達自己的看法時，愛麗絲大叫：「力克！別轉動你的頭，這樣我很難畫得好啊！」

獨角獸的魔法

課堂裏，老師向全班同學公佈中期考試的成績，愛麗絲的數學科考試再次不合格，她的心情瞬間跌入低谷。下課的鐘聲響起，愛麗絲手中拿着數學試卷，垂頭喪氣地走着。力克背着書包，默默跟在她身後。

回到家中，愛麗絲失落地坐在牀上。力克靜靜地走到書架前，拿出一本關於獨角獸的童話故事書，書中的第一頁寫着：「魔法在你相信的時刻便會出現。」這本書是愛麗絲小時候最愛看的，每當她情緒低落時，力克便會模仿書中獨角獸的「嘶嘶」叫聲，然後問愛麗絲：「你有不如意的事嗎？告訴我，我可以用魔法幫你解決！」每當愛麗絲和力克模仿的獨角獸聊上一會兒後，便會笑逐顏開。

但如今，當力克發出「嘶嘶」叫聲時，愛麗絲卻用不屑的眼神望了他一眼，心想這故事太幼稚了。力克大聲地讀出故事的內容：「獨角獸使用魔法，達成小女孩的願望，令她相信奇跡。」愛麗絲聽着，忍不住質問他：「不要那麼幼稚，魔法能令我考試取得好成績嗎？」

比特在房門外聽到，便走進房間問愛麗絲：「如果獨角獸真的能用魔法實現你的夢想，你有否嘗試去尋找牠的蹤影？你曾否真的相信牠的存在？」愛麗絲不發一言地聆聽着，比特繼續說：「還記得小時候我們都相信聖誕老人

的存在嗎？每到聖誕節前夕，我們都會精心準備，裝飾聖誕樹，放好聖誕襪，期待他的來臨。雖然聖誕老人從未真正出現過，但這些準備卻為我們帶來了無限的歡樂。我們相信聖誕老人的這份單純信念賦予了我們希望，讓我們在當下充滿動力地做好事情。成功可以被視作為一種奇跡，即使最後失敗了，過程中發生的每一件趣事，得到的每一個收穫，都是小小的奇跡。」

愛麗絲靜靜地反思了一會兒後，似乎有所覺悟。她拿起數學作業，對力克說：「力克，我們一起去找獨角獸吧！」

勇敢的印記

一個陽光明媚的週末，愛麗絲、米娜和幾個女同學相約到商店購物。店裏展示了各式各樣的時尚服飾，尤其是那些色彩繽紛的短裙，讓人眼花繚亂。愛麗絲看到一條粉紅色的短裙，裙子搭配着精緻的蕾絲花邊，漂亮極了。她的雙眼立刻亮了起來，幻想着穿上它的樣子。「我想試試這條粉紅色的短裙！」愛麗絲興奮地邊說邊拿着裙子走進更衣室。力克靜靜地坐在外面，心裏滿是期待。

過了一會兒，愛麗絲從更衣室走出來，那條粉紅色的短裙隨着她的步伐輕輕擺動，為她增添了幾分甜美的氣質。她轉身展示給力克和其他女孩看，滿心歡喜問：「怎麼樣？」力克的眼睛瞬間亮了起來，他真誠地讚美：「哇，真美！」他的讚美令愛麗絲感到心花怒放，她得意地問：「你是說我很美還是裙子很美？」力克一時間不知如何回答，呆住了。就在這時，米娜俯身對力克說：「傻小子，我教你怎樣回答。你要說兩者都美！」力克傻乎乎的反應讓女孩們都忍俊不禁，笑聲不斷。

然而，當愛麗絲轉身望向鏡子時，她臉上的笑容卻漸漸消失。她注意到膝蓋上的疤痕，那正是她小時候在湖邊援救力克和小鴨子時留下的。那一刻，愛麗絲似乎被自卑所淹沒。她低下頭，輕聲說：「我不買了。」

力克看到愛麗絲表情上的變化，立刻走上前，溫柔地對她說：「愛麗絲，請不要為這條疤痕難過。它見證了你當年勇敢地救了我和小鴨子。這是一個勇敢的印記。」愛麗絲聽到力克的安慰，心裏感到一股暖意。力克繼續說：「我們常常說要與眾不同，這條小小的疤痕，正是你的獨特之處。它告訴大家，你是一個有勇氣的人。」在力克的鼓勵下，愛麗絲重新望向鏡子，微微一笑，決定不再在意別人的眼光。最後，愛麗絲買下那條粉紅色短裙，與女孩們一同步出時裝店。

陽光照射在女孩們的身上，拿着購物袋的力克希望愛麗絲知道，這條裙子不僅讓她看起來美麗，更讓她學會了如何驕傲地接受自己的不完美。

機器人與小貓

每逢星期天下午，比特都會駕駛着貨車和愛麗絲一起到鎮上雜貨店購買日常用品，而力克總是留在家裏忙碌。他的任務是清理房間、整理書籍和烹調愛麗絲最愛的餐點。小貓阿積則懶洋洋地躺在窗邊的陽光下，偶爾打個哈欠，一邊輕輕搖動着尾巴，一邊看着力克工作，這慢慢成為力克與阿積的共享時光。

這天，力克打掃時不小心將小貓阿積最喜歡的毛球推到了角落。阿積立刻從窗邊跳起來，慢慢地走過來，然後用爪子輕輕推着毛球。力克停下手中的工作，靜靜地觀察這一幕。他突然明白，小貓的世界充滿了遊戲與探索，而自己卻常常被日常瑣事束縛。或許長時間生活在這彩色的現在世界，力克逐漸被人類忙碌的生活習慣影響了。

這個時刻，力克明白到一個道理：「生活不僅是工作，還要享受當下的每一刻。」他不再只是執着於完成任務，而是學會了在工作之餘，

抽時間去欣賞窗外的風景，閱讀喜愛的書籍，與小貓阿積玩一會兒毛球，忙裏偷閒。

當力克和小貓阿積玩得正起勁時，突然大門的鐘聲響起，原來是比特和愛麗絲回來了。愛麗絲大聲嚷道：「力克，我的草莓班戟做好了沒有？快點拿出來給我吃！」力克有些不好意思地摸了摸頭，歉意地回答：「對不起，現在馬上去做！」

日子一天一天過去，力克和小貓阿積從相處間漸漸建立深厚的友誼。隨着年齡的增長，阿積的行動變得緩慢，眼神中透着一絲疲憊。牠不再像從前那樣好奇地探索四周，而是更喜歡在陽光下安靜地打盹，而且胃口越來越差。這些都在告訴力克，牠正處於生命的最後階段。

在一個寧靜的晚上，柔和的月光輕輕灑落大地，小貓阿積獨自走到後院的一個角落，那裏隱藏着一片小小的草叢。牠用爪子輕輕撥開草叢，然後在草地上蜷縮起來，似乎想要在這個寧靜的空間中安然入睡。力克小心翼翼地走近，輕柔地撫摸了一下阿積的身體，然後從房間中帶來一條柔軟的毛毯，輕輕覆蓋在牠身上。力克又將一些小花放在阿積身邊，他知道這些花是牠喜歡的。

力克靜靜地守護着小貓阿積，直至晨光初現。雖然他是一個機器人，但心中卻湧現出一種難以用程式來描述的強烈情感。阿積的身體緊貼着力克的身軀，柔軟的毛髮與堅硬的金屬之間產生了一種奇妙融合。秋葉徐徐飄落，力克目送阿積靜靜地離世，輕聲說：「阿積，雖然我不知道死後會去往何方，但我希望你所到之處，都充滿幸福與快樂。」

比特和愛麗絲起牀後跑到後院，小貓阿積早已安詳地閉上了眼睛，溫暖的陽光灑在牠的身上。愛麗絲眼淚如串珠般落下，內心充滿不捨。力克靜靜地站在一旁，讓比特和愛麗絲向阿積作最後告別。空氣滲透着悲傷，力克將永遠記住阿積教曉他那悠然自得的生活態度。

紙鶴的祝福

大學的入學試將至，愛麗絲和米娜經常到圖書館温習，希望能在考試前作最後的衝刺。隨着考試日期的逼近，大家的心情一天比一天緊張。愛麗絲專心温習的時候，力克喜歡在書架之間的狹窄通道流連，閱讀世界歷史、天文地理以及人生哲理的書籍。

有一天，愛麗絲在温習時感到一絲沉悶，於是從背包裏抽出一張在美術課時用剩的粉紅色正方形紙，輕巧地摺出一隻紙鶴，然後送給米娜，祝福她考試成功。

力克一直覺得摺紙不僅是一門藝術，更是一種將空間轉化的神奇魔術，因為一張普通的紙，經過雙手巧妙的摺疊後，竟能從二維平面轉變為三維的立體作品。他拿着那隻紙鶴欣賞，左看看，右看看。「力克，小心一點哦！」愛麗絲輕聲提醒他，「紙鶴是祝福的象徵。」聽到這句話，力克沉靜了一會，回想起未來世界的主人年邁病重時，他默默地摺了整整一千隻紙鶴來祈求她康復，每一隻紙鶴都承載着他深切的祝福。

從那天開始，每當愛麗絲入睡後，力克便靜悄悄地在黑暗的房間裏亮着頭頂小燈，照亮他粗大笨拙的機器手，一摺一疊地為愛麗絲摺

紙鶴。他的目的是要摺上一千隻紙鶴，祈求她考試成功，順利進入首選的大學。日復一日，力克不知疲倦地努力摺着，終於在考試當天將這一千隻紙鶴摺好了，並將它們掛滿房間送給愛麗絲。

當天早上，愛麗絲一醒來便驚訝地發現整個房間幾乎被色彩繽紛的紙鶴填滿了。她首次收到這麼多紙鶴，感到既意外又喜悅。她立刻緊緊抱住力克，感激地說：「謝謝你！我會努力的！」

不久，米娜乘着父親的車子來到愛麗絲的家門前，大喊：「愛麗絲早安！快上我爸爸的車，一起去考試場吧！」充滿信心的愛麗絲拿起背包，走出大門。由於考試場只限考生進入，力克沒有跟隨上車，而是在門前為愛麗絲打氣，大喊：「愛麗絲，Believe you can！」愛麗絲回頭，微笑着向他說再見，然後上車，朝考試場出發。

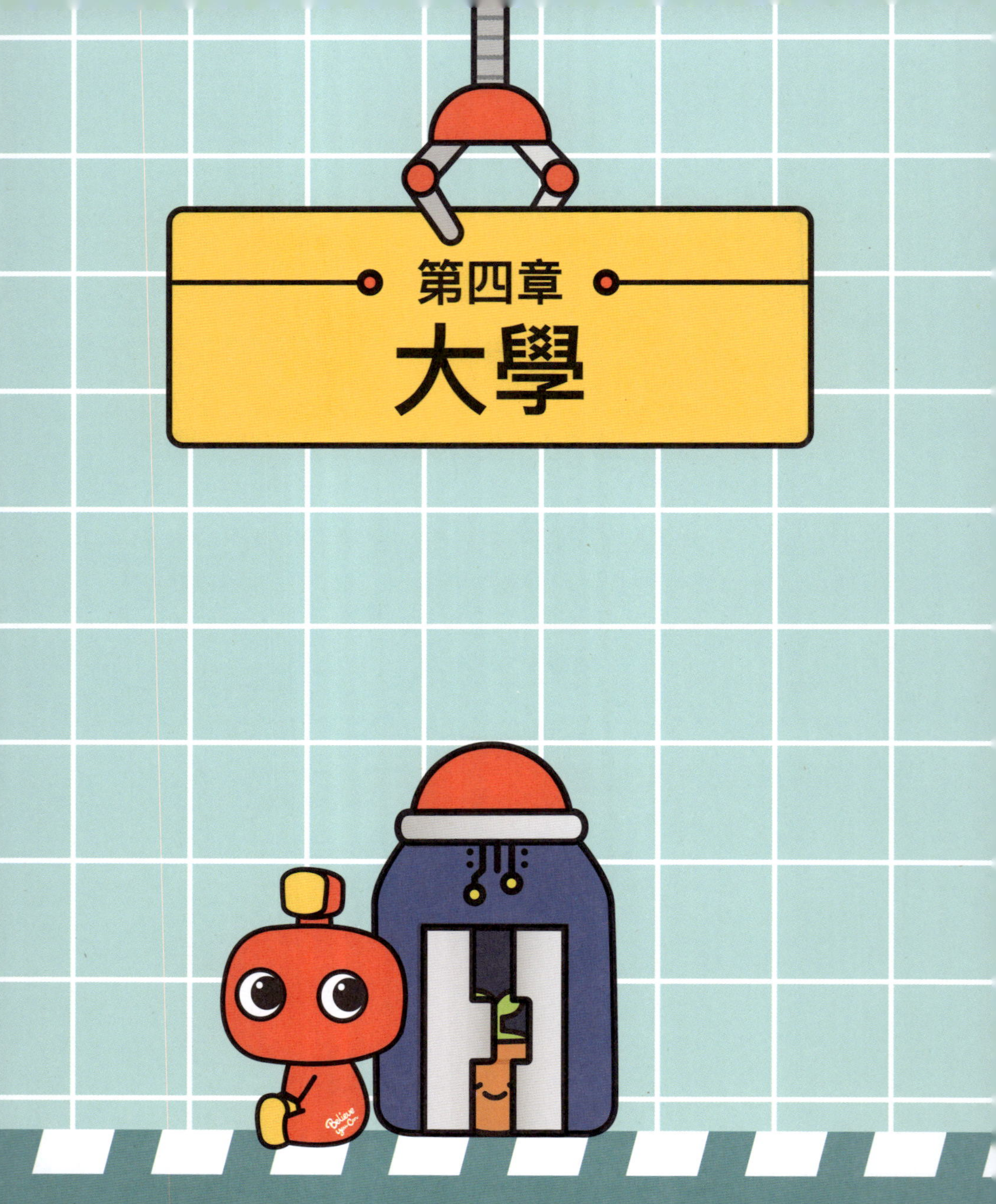

EVERY DAY IS A FRESH START

上大學

在紙鶴的祝福下，愛麗絲和米娜成功考進了她們的首選大學。她們再次成為同學，更成為宿舍室友。

這天，愛麗絲和力克準備出發去大學生活。比特依依不捨，將自己最心愛的菲林照相機送給愛麗絲，說：「女兒，希望你能把大學生活中美好的時刻拍下來。」此外，比特還送了一盒他親自編錄的卡式帶給力克，裏面錄有他平日常聽的歌曲。力克將它連同卡式帶隨身聽以及他心愛的小兔布偶一起放進行李箱。比特望着愛麗絲和力克逐漸遠去的背影，發現愛麗絲已比力克高出了許多，感慨時光如梭。

月台廣播後，前往大學的火車隨即啟程。愛麗絲和力克在車廂裏找到自己的座位，將行李和小蘭花盆栽安頓妥當後，力克戴上耳機，陶醉地聽着比特送的卡式帶。愛麗絲則如常地倚靠着他的身軀，不久便沉沉睡去。

經過數小時的車程，火車終於到達了大學車站。力克和愛麗絲一起走進校園，力克驚歎地說：「哇，這所大學很大，很美！」他們十分心急，立刻跑進宿舍大樓，四周探索環境。看到宿舍先進而完善的設施和舒適的房間，他們對視而望，異口同聲地說：「真棒！」愛麗絲迫不及待地走到牀前，躺下來說：「真是太舒服了！」

力克當然不會忘記好好安置他的小蘭花。他將小蘭花小心翼翼地放在窗旁並為它澆水，希望它能盡快適應這個新環境。傍晚時分，米娜的父親親自開車送她到宿舍。當他們步入宿舍時，看到力克全神貫注地閱讀着歷史書籍，米娜的父親不禁問米娜：「這就是你經常提到的力克嗎？他確實很特別，居然對書本有這麼濃厚的興趣！一般的機器人只會直接從網上下載所需的資料和知識。」

力克望着米娜和她的父親，心中疑惑為何沒有見到 T286 的蹤影。第二天早上，一位送貨員敲門，要求米娜簽收一件大型貨物。原來，米娜的父親訂了一個最新型號的機器人，作為米娜新學期的禮物。這個 T386 機器人全身呈現鮮豔的黃色，其流線型設計非常獨特，富有現代感。他的手有三隻纖細靈活的機械爪，能夠敏捷地完成各種工作，無論精細組裝或重型搬運都能勝任。他最特別之處是胸前的拍攝鏡頭，除了能夠拍攝高清影像，還具備投射功能，能夠展示資訊或娛樂內容。T386 不僅是一個萬能的小夥伴，更是一個智慧與創新的結合體，將會在短時間內完全取代紅色的 T286 機器人。對於 T286 的淘汰，米娜並沒有感到難過，畢竟她始終認為這些機器人只是電子產品，從未為他們起過名字。

力克翻閱說明書，看到這個 T386 機器人擁有進階人工智能系統，能像人類般學習、思考和溝通，為未來生活帶來了無限可能。機器人胸前的拍攝鏡頭可以無限拍攝和記錄生活的每個時刻，並將照片和影片上載至雲端作儲存和分享。啟動 T386 後，米娜、愛麗絲和力克立刻在 T386 面前做出各種古靈精怪的動作和表情，讓他將這些時刻通通存檔並分享到手機上，大家可以隨時重溫這些有趣的片段。

黃色機器人

愛麗絲與米娜很快便適應了大學生活。在學期的第一年，她們幾乎每天都一起上課和溫習，假期時亦會一起去旅行，恍如一對形影不離的孿生姊妹。無論去哪裏，她們都會帶着機器人同行，力克和擁有先進人工智能的 T386 透過對話溝通漸漸成為了好朋友。

自從 T386 出現後，米娜不再需要用手機拍照，而愛麗絲也不再需要用菲林照相機拍照。因為 T386 的先進拍攝鏡頭能全天候記錄愛麗絲和米娜的生活點滴，每當比特想查看愛麗絲的近況時，他都可以在 T386 的雲端系統下載照片和影片。力克注意到，比特送給愛麗絲的菲林照相機已被遺棄在書櫃中數個月，這份曾陪伴比特服兵役、談戀愛，並見證愛麗絲誕生的大學禮物，最終也比不上新科技帶給人類的新鮮感。

有一天，力克看到一隻可愛的綠色小鳥站在宿舍的窗邊吱吱地叫着，便問愛麗絲能否借用菲林照相機來拍下這一幕。愛麗絲坐在窗前的書桌旁，一邊看着電腦，一邊隨意地說：「這個相機很舊了，而且沖曬菲林太麻煩，我不要了，就送給你吧，小攝影師！」聽到這裏，力克不禁感到意外和遺憾，這台寄託着回憶和情感的菲林照相機，竟然在她心裏變得如此無足輕重。

力克拍下綠色小鳥的照片後，便拿着菲林照相機走到客廳，與 T386 分享傳統照相機的攝影技巧，教他有關快門和光圈的知識，T386 對此表現出濃厚的興趣。正巧米娜走進客廳，看到力克像個小老師般教導 T386，不禁驚訝地對愛麗絲說：「一般人工智能機器人只懂得學習人類的知識，但力克會將自己學到的知識主動傳授給他人。力克確實是很特別的機器人！」

大學的校園是一個充滿着世界各地不同文化的小社區，學生們的衣着打扮各具特色，有些人偏愛搖滾風格，有些人則喜歡波希米亞風，還有嘻皮士風格，當然也不乏跟上潮流的時尚達人。這些來自不同國家和文化背景的年輕人都有一個共通點，就是身邊必定伴隨着一個大學系列的黃色 T386 機器人，也就是米娜的那一款。大家普遍將這些機器人視作電子產品，並不會特意裝飾他們的外觀。但為了容易辨認出自己的機器人，他們都會在機器人身上貼上貼紙或綁上飾物。米娜在筆記簿裏找到一個心形貼紙，將它貼在 T386 的臉上，還將一雙舊的白色網球護腕套在他的手腕上。

每個 T386 機器人都擁有先進人工智能，他們的個性和喜好都會像人類一樣，會受到後天環境的影響。有別於從前的紅色型號 T286，這些黃色的機器人成為了主人的朋友，他們會跟隨主人一起上課和温習，但在考試期間或某些實驗室課堂上，機器人卻是被禁止進入的。這些情況下，他們不會像舊款機器人那樣呆坐在教室門口等待，而是懂得善用時間，譬如去圖書館看書，到花園拍攝，與其他機器人交換資訊，等等。

轉眼間，第一個學期的考試來臨。當愛麗絲和米娜走進考試場地後，力克和 T386 便一起去空地踢足球。這是 T386 第一次接觸足球，他將足球放在地上，膽怯地用腳觸球，不敢用力踢。回想起當年比特教的道理，力克對 T386 說：「足球就像追夢，必須用力去踢，才能令它前進！全力以赴放膽一踢吧！」力克走到足球前，示範用力把足球踢出去。想不到，足球竟然意外地撞上一羣正在聊天的黃色機器人，場面頓時哄動起來。

考試結束後，愛麗絲和米娜前往空地，準備帶着力克和 T386 返回宿舍。當他們走到空地時，看到一羣黃色的機器人圍着力克，而米娜的 T386 則朝愛麗絲和米娜的方向跑來。「米娜、愛麗絲，情況不妙！那羣黃色機器人認

為這片空地屬於大學系列的黃色機器人，不准許紅色的力克逗留！」T386 慌忙地說。看到那些黃色機器人正在推撞力克，米娜立即跑上前制止，語氣堅定地大喊：「這是人類的地方，你們全都走開！」那羣黃色機器人立刻靜了下來，低着頭散去。

米娜和愛麗絲帶着力克與 T386 離開，校園大道上兩旁的黃色機器人目不轉睛地盯着紅色的力克，頭部和視線隨着力克的動作而移動。米娜覺得力克看起來有些殘舊，於是向愛麗絲提議：「為了避免在校園裏再次惹上事端，我們不如去雜貨店買些黃色噴油，給力克翻新一下顏色，怎麼樣？」在米娜和愛麗絲的背後慢慢地走着的力克，心想：「我身上的紅色有甚麼問題呢？我很喜歡紅色啊！」然而，聽到愛麗絲也贊同米娜的建議，他只能無奈接受。

回到宿舍後，愛麗絲和米娜放下背包，帶着力克和 T386 來到宿舍旁的樓梯間。她們首先打開噴漆的蓋子，將兩罐噴油放在 T386 的雙手上，然後走到一旁等待。力克雙臂垂直，像個小士兵般立正，雙眼緊張地左右轉動，等待 T386 啟動他的噴油任務。米娜一聲「開始！」，T386 便如同一部噴油機器，繞着力克不斷轉圈，雙手高速移動，兩罐噴油不斷發出重複的「吱吱」聲，瞬間黃色的噴霧完全覆蓋了力克。

愛麗絲看着紅色的力克逐漸變成黃色，就像在觀看電影中機器人的變身情節。T386 的噴油程式簡直完美無瑕，愛麗絲再也不需要像小時候那樣不斷提醒父親哪個地方還未噴好。當 T386 完成工序後，滿意地望向已變成黃

色的力克，點了點頭，隨即轉向米娜和愛麗絲問：「大家想跟黃色的力克拍照嗎？」在鏡頭下，兩位女孩站在力克背後，擺出各種趣怪的姿勢，彷彿又回到了無憂無慮的童年時光。

看過照片後，愛麗絲立刻發送給遠方的父親，然後致電給他，興奮地講述為力克噴上新顏色的事情。擁有黃色身軀的力克依然呆呆地站在原地，始終不明白她們為何那麼興奮。力克望着自己黃色的身軀感到很疑惑，難以理解新外表究竟會對他生命帶來甚麼樣的改變，他始終相信生命的改變是源於內心和行為，而不是外表。

黃色的力克每天陪伴着愛麗絲，與她度過大學生活。一天，愛麗絲和米娜上實驗課，力克和 T386 則在圖書館閱讀各種關於科學發明的書籍。偶然間，力克發現了一本關於熱氣球的書，內容詳述了人類飛行器的歷史和科技演變，他對熱氣球十分着迷。

T386 告訴力克，上個假期他跟米娜一家人乘坐熱氣球觀賞日出，並向力克展示當時的照片。那些於高空拍攝的照片裏，金色的陽光彷彿觸手可及，展現出比特最愛的魔術時刻。力克看見這些美麗景象，非常渴望能和愛麗絲乘坐熱氣球，欣賞那如夢似幻的日出。然而，力克深知這對他來說是遙不可及的，因為作為一個機器人，他並沒有能力賺取金錢支付長途旅行的旅費。他唯有拿起一張白紙，用畫筆畫下他渴望的畫面：在熱氣球上和愛麗絲一起欣賞美麗晨曦。

力克繼承了比特的藝術天賦，用細膩而感性的視角，

透過菲林照相機捕捉愛麗絲大學生活中的點滴。在鏡頭下，力克捕捉到了愛麗絲在圖書館中專注閱讀的神情、考試失利後的失落，以及她和米娜在校園草地上仰天大笑的表情。力克拍攝的照片充滿了他對愛麗絲的深厚情感，遠比 T386 所拍攝的公式化照片更具靈魂。

力克每次都會挑選幾幅喜愛的照片，多沖曬一份寄給比特。每當遠方孤單的比特收到力克拍攝的照片時，他總會坐在書桌前，手中捧着熱騰騰的咖啡，細心欣賞。他用心感受那些照片，彷彿與愛麗絲親歷其境。「這個小伙子真有攝影天分，不愧是我的徒弟。」比特微笑着喃喃自語。他也會挑選出自己最喜愛的照片，用白色的相框裱起來，掛在卧室的牆上，整個房間逐漸化身為一個以愛麗絲的大學生活為主題的攝影展覽廳。

電話亭的約定

大學第二年的聖誕節，愛麗絲帶着力克前往市中心參加聖誕巡遊，力克滿心期待，準備拍下節日照片寄給比特欣賞。他們下火車後，映入眼簾的是擠滿人羣的街道。每個人都戴着聖誕帽和各式各樣的聖誕飾物，街道上更佈置着七彩斑斕的燈飾，洋溢濃厚的節日氣氛。

市中心的廣場中央屹立着一座古老鐘樓，對面有個紅色電話亭。力克好奇地打開電話亭的門走進去看看，見到牆上貼着一張運動用品廣告海報，寫着一句口號：「未完

成的事，要用心做到成功為止。」當他細心閱讀海報上的口號時，愛麗絲在電話亭外透過玻璃門向他扮鬼臉，還呼出一口氣，令玻璃表面出現水蒸氣，並在上面畫上一個心形圖案。力克把頭伸出門外，然後問愛麗絲：「這個電話亭還能用嗎？」愛麗絲走進去看看，拿起聽筒靠近耳邊回答：「這個電話亭只需要投入硬幣便可使用，不過真正使用的人恐怕不多。畢竟，現在每個人都有手機，可以使用數據無限進行通話或發送訊息。」

聽到愛麗絲的回答，力克回想起在未來世界的主人曾經提及過，由於電話亭是需要支付費用而且通話時間有限，所以人們每次打電話前都要認真思考說些甚麼，而在通話過程中，他們也會更真誠地表達內心的想法。相反，現在的手機幾乎沒有通話時間限制，讓人與人之間的溝通變得隨意。

愛麗絲幫力克整理好圍巾和聖誕帽子，叮囑力克不要亂跑：「如果走散了，我們約定在晚上六時，在這個紅色電話亭會合。」力克一邊緊握着她的手，一邊握着胸前的菲林照相機，兩人隨着花車和人羣向前走，沿途中的羣眾興高采烈地高呼：「聖誕快樂！」

力克看見前方的巨型聖誕樹閃耀着七彩燈光，禁不住鬆開了愛麗絲的手，跑上前拍照。豈料，人羣不斷從四方八面湧來，將愛麗絲推着往前走。當力克回過頭來，已經看不見愛麗絲的蹤影，感到非常徬徨。他在人羣中左穿右插，試圖尋找愛麗絲，直到走到街道上一個轉彎的角落，他終於擺脫了擁擠的羣眾，可他還是找不到愛麗絲。

力克望向遠處古老鐘樓上的大鐘，想起了與愛麗絲的約定。他穿過一條又一條橫街窄巷，還繞過一個已被荒廢的貨櫃碼頭，目光始終聚焦在鐘樓的方向。經過一番努力，他終於走到市中心廣場的中央，來到紅色電話亭前，靜靜地站在那裏等候愛麗絲。

力克一直凝視着大鐘指針的移動，直至下午五時三十分，仍未見到愛麗絲的蹤影。隨着天色漸漸變暗，力克越來越不安，他猶豫地想：「我應該在這裏繼續等待愛麗絲，還是到街上找她呢？」到了晚上六時正，古老鐘樓上的大鐘敲響「叮噹叮噹」的鐘聲。力克心裏焦急不已，決定走出去看看，卻在此時聽到背後傳來一聲：「力克！力克！」他轉身看到戴着聖誕帽的愛麗絲，立刻跑上前緊緊擁抱她。力克抬頭望着愛麗絲，認真地說：「如果我們再次走散，我會寸步不離地在這裏等你。」愛麗絲微笑着摸了摸力克的臉，回答：「好，一言為定。」

就在此時，「隆隆」的煙花聲響起，兩人不約而同地抬頭望向天空。煙花的彩光劃破漆黑的夜空，瞬間照亮四周。他們緊緊握着手，欣賞五彩繽紛的煙花，度過一個難忘的聖誕節。

TELEPHONE

愛麗絲的初戀

在大學三年級的機械工程課上，力克發現一位男生經常坐在愛麗絲旁邊。那位男生身高約六呎，擁有一頭棕色的短髮和一雙深綠色的眼睛，上課時會戴上一副玳瑁色眼鏡，外貌與比特有幾分相似，笑起來特別迷人。力克的心率探測器顯示，每當這位男生出現，愛麗絲的心跳也會隨之加速。

有一次下課後，這位男生鼓起勇氣向愛麗絲自我介紹：「你好！我叫理察，主修航空太空工程學。我相信時空穿梭，希望將來研發時光機。」愛麗絲微笑着回應：「你的興趣真特別。」理察有些不好意思地說：「請不要取笑我，這是我從小的夢想。」理察的夢想喚起了愛麗絲的童年回憶，那時她曾在山丘上見過時光機。慢慢地，他們開始互相交流課堂知識，更經常一起到圖書館溫習。

從此，理察的名字頻繁出現在愛麗絲和米娜的對話中。力克也注意到，自從認識理察後，愛麗絲每次上課前都會悉心打扮。力克的新任務便是成為愛麗絲的形象顧問，幫助她搭配服飾，最重要的是提醒她不要在機械工程課重複穿着同樣的服裝。

不經不覺又來到了聖誕節，理察邀請愛麗絲一起觀看馬戲團表演。愛麗絲攜同力克出席，還特意為他戴上一頂藍色高帽子。從遠處，力克已經看到理察手捧一束紅玫瑰，站在表演場地的大門前等候愛麗絲。當理察見到他們，立刻上前迎接，愛麗絲接過玫瑰花，臉頰不禁泛紅起來。理察還特別為力克準備了一個天藍色的煲呔，與他頭上的帽子十分相襯。三人一起步入馬戲表演的巨型帳幕中，期待着即將開始的精彩演出。

鼓聲響起，一個穿着七彩服飾的胖小丑在台上跑跑跳跳。小丑從法寶箱中拿出魔法棒、黑色高帽、絲巾等各種不同物件，他揮動魔法棒，一隻小兔子從高帽中跳了出來。然後，一隻白鴿又從絲巾裏飛出來。表現精彩絕倫，令台下每一個觀眾都看得目瞪口呆。小丑不斷高喊着口號：「想像，想像，一切都靠想像！」不久，小丑邀請台下的觀眾上台參與魔術表演，最後指着愛麗絲將她選中。愛麗絲興奮地上台，跳進一個黑木箱，只剩下頭部在箱

外。小丑將鋸子插入黑木箱，俏皮的愛麗絲則配合情境大叫：「救命呀！救命呀！」

就在此時，力克頭上的小燈亮起，身體不由自主地衝上台，然後用力拆開黑木箱，救出愛麗絲。全場觀眾笑聲四起，然後站起來熱烈鼓掌，讓愛麗絲的臉頰泛紅。小丑輕輕拍了一下力克的肩膀，對他說：「凡事都要靠想像啊！」力克感到有些疑惑，心裏思索着：「想像就能變出魔術嗎？」他牽着愛麗絲的手回到座位上，腦海中浮現出小丑剛才精彩的魔術表演，探索着想像力的無限可能。他除下頭上的高帽，嘗試用想像力變出兔子來，可是卻不成功。他問理察：「為甚麼我不能用想像力變出兔子呢？」理察微笑着回答：「想像力啟發腦袋憑空創造，比如藝術和科技都是靠想像力激發創新意念，而小丑也運用想像力去創作魔術表演。愛因斯坦說過『想像力可以帶你去任何地方』，想像力是人類最強的魔法。」他稍作停頓，繼續說：「想像力不僅用於創作和發明，當生活上遇到困難和挑戰時，我們也可以運用想像力來解決問題。它能幫助我們看到事物的不同角度，激發新思路。」

力克沉思了片刻，對理察說：「我明白了！想像力就像一把鑰匙，能幫我打開無限的可能性！」理察聽到後，轉身對愛麗絲說：「這個機器人真的很特別！他不僅會主動提問，還具備獨立的思考能力，最難得的是他奮不顧身地跑出去拯救你，這種行為在機器人中真是前所未見。」愛麗絲微笑着回答：「他向來都是這樣，的確是一個十分特別的小伙子。」她回眸望着力克，心中湧現一份無法言

Use your
Imagination

喻的情感，但這份童年時建立的兩小無猜的愛，跟現在她心裏對理察燃燒着的愛，並不一樣。

完場後，三人在飄雪中漫步。力克在街角看到一羣小孩正在堆砌各式各樣的雪人，於是興奮地跑上前加入。愛麗絲和理察站在雪地上，目光追隨着力克在暗黃色的街燈下堆砌雪人的情景。

不知是否受到聖誕浪漫氣氛的驅使，愛麗絲的指尖不經意地輕輕觸碰着理察的手，理察突然轉過頭來，向愛麗絲深情地說：「愛麗絲，我很喜歡你，你可以當我的女朋友嗎？」愛麗絲滿臉通紅地低下頭，接着慢慢抬起頭望向理察，甜笑地微微點頭。得到愛麗絲的答應，理察高興地緊緊牽着她的手。兩人漫步在堆滿雪人的街道上，跟在後面的力克，不停地回頭望向剛剛堆砌的雪人，擔心着明天

一早太陽升起後，雪人會融化，再也無法見到它們。

在街角的某處，愛麗絲看到一個鞦韆，便回頭吩咐力克拿着玫瑰花，再緊握着理察的手跑向鞦韆。他在心底默默祝福愛麗絲：「雪會溶化，花會凋謝，但願愛永不消逝。」

回到宿舍後，愛麗絲在櫃子裏找出一個花瓶，注滿水後，細心地將理察送的玫瑰花一枝一枝地放進去。力克看着愛麗絲心花怒放的表情，感到一種非常熟悉的感覺：「對了，這就像我第一次與愛麗絲相遇時的神情。」

拍檔

理察是一個棒球迷，這一年球季來臨，他相約愛麗絲到市中心的球場觀賞飛鷹隊的比賽。球場規定每家人可以帶一個機器人免費入場，而力克正是這個球季的幸運兒。

進場前，理察在紀念品小店為力克買了一件飛鷹隊球衣和一個棒球，愛麗絲則幫力克戴上棒球帽，讓他看起來像一個小小的飛鷹隊粉絲。走進人聲鼎沸的球場後，力克迫不及待地跑到觀眾席最前面的圍欄旁，目不轉睛地觀看健碩的球員們做熱身。

比賽開始，兩隊的競爭非常激烈，所有球員拼盡全力去比賽。當打出全壘打時，瞬間全場奏響激昂的音樂，觀眾們也全體站起來歡呼，理察和愛麗絲更是興奮地擁抱在一起。

在球賽的中場休息時間，理察帶着力克去小食店買飲料。理察看到店裏擠滿人，於是吩咐力克在門外等候。力克獨自站在玻璃門旁，拿着理察送給他的棒球不停地拋上拋下，幻想自己是個棒球隊成員。當理察正在付款時，忽然聽到門口傳來嘈吵聲。他轉身一看，發現一羣喝醉酒的大叔圍着力克不斷喧嘩和指罵，甚至用啤酒瓶朝力克的頭上擲去，玻璃碎落滿地。「不要這樣！停止！停止！」力克無助地哀求着。

那羣大叔因為不滿飛鷹隊領先比賽，而對穿着飛鷹隊球衣的力克發泄不滿。理察見狀，立刻衝出店外，奮不顧身地上前阻止他們。一個大叔揮拳打向理察的臉，他隨即跌倒在地。理察叫力克快點逃離現場，接着大叔騎在他身上再次出拳。力克見形勢危急，鼓起勇氣大喊：「我不會丟下你而去的！」然後低着頭向前衝去保護理察。力克在理察前方張開雙手，身體向左右移動，露出堅定的眼神，像一頭獅子保護牠的幼兒。那羣大叔被力克的行為嚇得後退幾步，力克隨即伸手將理察拉起。當他們雙手緊握的一刻，理察對力克說：「我們一起離開這裏吧！拍檔！」他們跑到轉角處稍息，看到那羣大叔散去後，便快步回到球場的座位。

愛麗絲看到理察和力克氣喘吁吁地回來，兩人的衣服滿佈污漬，連忙詢問發生了甚麼事。理察說：「剛才我被醉酒的大叔襲擊，勇敢的力克拯救了我。」愛麗絲聽後，輕輕拍了幾下力克的肩膀，心中感到力克不知不覺間已隨着歷練而長大，變得更加勇敢。

大學畢業

數年的大學生活終於到了尾聲。在畢業典禮上，穿着畢業袍的愛麗絲、米娜和理察一起從禮堂中跑出來，興奮地擁抱着。力克擁有多年攝影經驗，像個專業攝影師一樣拿着菲林照相機為他們拍照留念。擁有先進拍攝功能的 T386 也圍着他們四處走動，拍攝全景照片及影片，記錄畢業禮的情景。

在回宿舍的路上，愛麗絲的手機發出一聲「叮噹」提示音，原來是收到 T386 編輯後的照片和影片。愛麗絲急忙打開檔案，邊看邊大笑着。力克望向愛麗絲，再望向掛在胸前的菲林照相機，期待愛麗絲對他用心拍攝照片的反應。

回到宿舍後，力克立刻小心地將菲林沖曬成照片，並特意挑選了一幅愛麗絲、米娜和理察的合照送給愛麗絲。

忙於執拾東西的愛麗絲看過照片，只是敷衍地說了一句：「拍得不錯。」隨即又繼續忙着手上的事情。力克失望地坐在牀上，將照片放入相架中，然後把相架放在愛麗絲牀邊小櫃上。

畢業後的兩週，正是大家分道揚鑣的時刻。愛麗絲收到了一間機械義肢研究公司的聘請信，即將移居到市中心，方便工作。理察也將入伍三年，前往一個偏遠的小島駐守機密軍事基地，那裏禁止使用私人的電子通訊產品，他對愛麗絲承諾：「我每週都會寫信給你，計劃三年後會與你結婚。」米娜則決定回到家鄉接管父親的農場，並順道帶力克回到老家，讓他照顧年老的比特。

在火車站道別的一刻，力克心中湧起一種奇怪的感覺，那大概是人類面對離別時依依不捨的心情。愛麗絲輕輕摸了摸他頭上的小燈，跟他說：「力克，再見了。請你好好照顧爸爸和這盆小蘭花。」力克點點頭回答：「知道了，請放心，我必定盡心照顧比特和小蘭花。」愛麗絲轉身提着行李，登上火車。力克目送愛麗絲在人羣中消失，再低頭看着手中的小蘭花盆栽，心裏充滿失落感。車站廣播響起，前往市中心的火車即將啟程，他跟隨米娜和 T386 走到月台的另一端，不斷回首，目送火車逐漸遠去。

在前往家鄉的火車上，力克和 T386 坐在一起，米娜則坐在他們對面。力克望着窗外的風景，米娜注意到他眼角泛光，以為那是玻璃外的光線反射，隨後又把目光轉向力克身旁的 T386。當 T386 偵測到米娜的目光，便機械化地向米娜請求更新各種內置系統程式：「米娜，可否批准下載音樂程式？可否更新郊區的地圖？可否……」米娜點頭允許，然後再次望向力克，這時才發現他眼角流出淚水。這一瞬間，米娜體會到力克跟人類一樣擁有情感，反

觀身旁的 T386 卻只是一部冷冰冰的機器。她拿出手帕，輕輕為力克拭去淚水。力克問米娜：「為甚麼人類的世界要經歷分離？離別的感覺真的很難受。」米娜沉默片刻，回答：「所有的關係終究會有完結的一天，你會漸漸學會適應。」

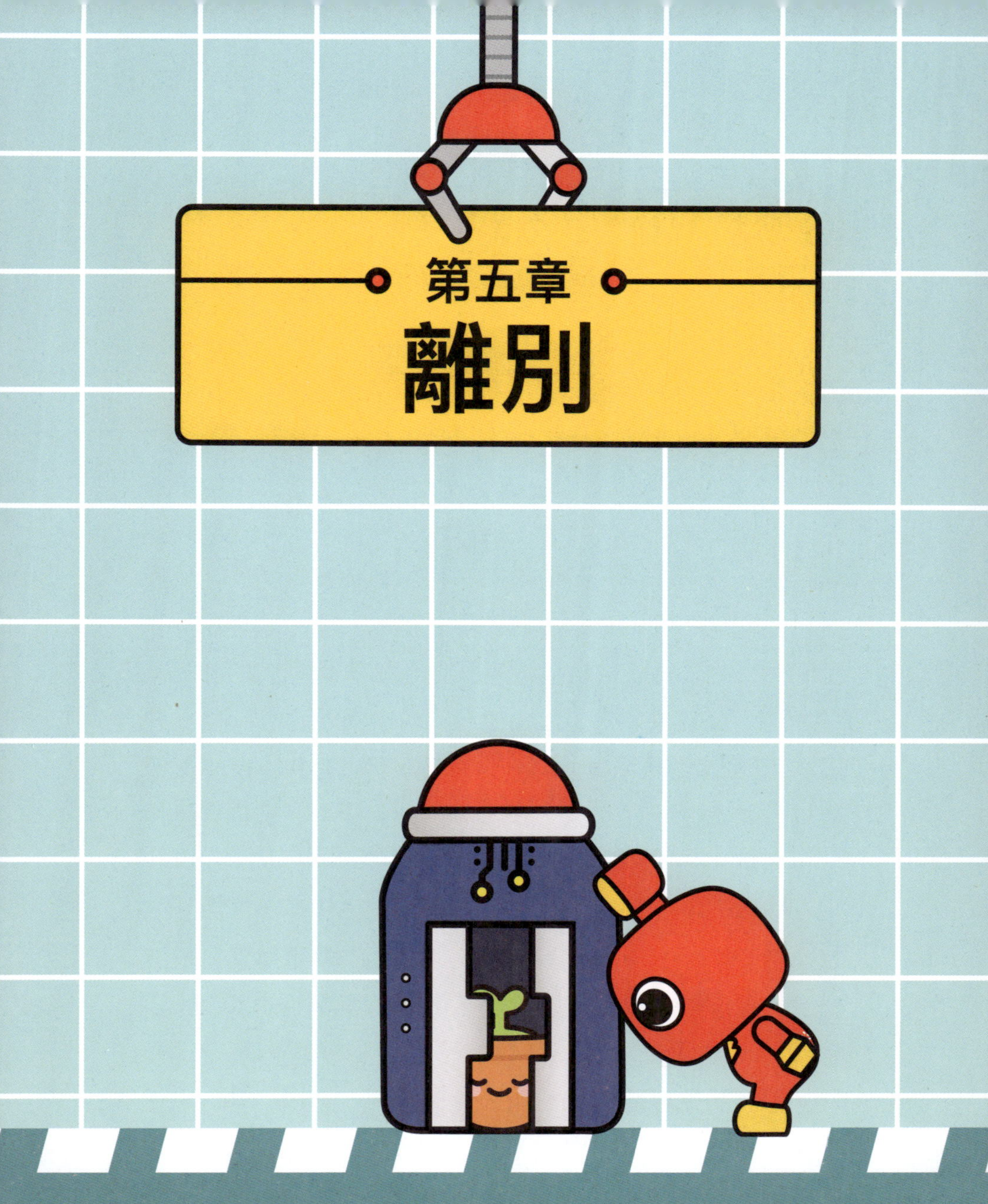

第五章
離別

MAKE IT HAPPEN

回到老家

回到老家，比特在家門前迎接力克。力克看到比特依然戴着那副玳瑁色的眼鏡，頭髮和鬚子卻已經變得斑白，流露出滄桑的神情。比特再次見到力克，心裏百感交集：「力克，很久沒見了，歡迎你回家！你的蘭花依然很漂亮啊！」跟當年第一次踏進愛麗絲的家一樣，力克立刻將小蘭花安放在房間窗台前。然而，他卻發現窗台上的另外兩盆小蘭花已不在，花盆裏只剩下乾涸的泥土。力克摸着花盆底部的山形標誌，回想起當日比特對這個標誌的解釋：「Appreciate（感恩）、Accept（接受）、Adapt（適應）——面對無法改變的境況，以感恩的心尋找其中的祝福與意義，並學會接受與適應。」如今，力克深感此刻需要運用這正向思維來激勵自己。

回到老家的第一個晚上，夜空繁星依舊閃爍。跟比特說過晚安後，力克回到房間，一如既往地拿着牀墊，鋪在愛麗絲牀邊的地上。他將小兔布偶放回愛麗絲的牀上，回想起小時候兩人隔着小窗數星星，聽愛麗絲分享她的夢想。那時的愛麗絲希望成為一位攝影師，到世界各地拍攝美景，還經常說要聘用力克當她的專用模特兒。力克默默記下她每一個夢想，並誓言要幫助她實現。然而，如今牀上卻空空如也，房間只剩下力克孤獨的身影，那段快樂時光已經隨着愛麗絲成長而逝去。

從前力克總會面向右邊側臥，跟躺在牀上的愛麗絲聊天，一直到她入睡才會閉上眼睛。在這個寧靜的夜晚，他卻轉向左邊，避免觸景傷情。力克想像如果自己能夠像人類般做夢，那將會是多麼美妙的事。聽說夢中有無數的地方可以去，有無數的人可以重遇。他希望自己能在夢中再次與愛麗絲相遇，聽到她的笑聲，分享彼此心事。可是，他知道自己是一個機器人，無法擁有進入夢境的權利。儘管如此，他在與人類相處的這段時間已養成睡眠的習慣，即使這對他來說是多餘的。

深夜裏，比特走過寂靜的走廊，發現愛麗絲的房間還亮着燈。他輕輕地推開門，看到力克少有地背對着愛麗絲的牀躺着。比特走進房間，坐在力克的旁邊問：「孩

子，怎麼了？這十多年來，你總是向右側卧，但今晚卻少有地向左側卧，發生了甚麼事？」力克驚訝地睜大了眼睛，想不到比特會注意這個細節。他問：「我這樣有問題嗎？」比特微笑地回答：「向左還是向右，只是一種選擇，沒有對錯之分。能夠隨心而行，感到舒適，就是正確的方向。」

力克覺得比特的話很有意思，繼續問他：「愛麗絲不在家的日子，你是怎樣度過的呢？」比特感慨地回答：「人生就像乘搭火車一樣，旅程上每個站都有不同的人上車下車，與每個人同行的時間也有長有短。能夠珍惜彼此有限的相處時光，擁有當下，享受當下，已是幸福。」力克向着天花板仰卧，閉上眼睛思考着比特的說話，想着想着便睡着了。

到了早上，力克被客廳傳來的聲音吵醒了。他睜開惺忪的眼睛，走出房間，想看看發生甚麼事。當他走到客

廳時，看到比特正專注地修理一台舊風扇。「讓我來幫忙吧！」力克說。比特點了點頭，示意他幫忙扶着風扇。力克好奇地問：「你為甚麼要修理這台風扇？它已經壞了好幾次，為甚麼不換一台新的？」比特說：「任何東西總有機會壞掉，但如果可以的話，我都希望能將它修好。」力克點了點頭，心裏感受到一股溫情。這不僅是修理一台風扇，而是對每件事物的珍重。

在空閒的時候，比特總愛坐在沙發上彈奏結他。力克喜歡坐在比特旁邊，聆聽他彈奏的優美樂曲，感受音樂中的情懷。「孩子，你也來試試彈奏吉他吧。」比特說。但力克對自己缺乏信心，婉拒說：「我的手不像人類靈活，恐怕彈不了。」比特從結他架上拿出一支小結他送給力克，鼓勵他說：「試試吧，只要憑藉雙手，任何事情都能實現！」他搭着力克的肩膀，教他彈撥技巧。力克依照比特的指導，拿起結他撥片用心彈出 C 和弦，興奮地叫：

「我彈到了！聽到嗎？」比特高興地說：「這個好學的機器人真是獨一無二！」比特繼續教他彈撥小結他，並叮囑他要勤加練習。力克學會了彈奏一小段音樂後，不禁擺出樂隊結他手的神氣姿態，向比特表演，令他開懷大笑。

沒有愛麗絲在家的日子，整個房子變得靜寂。半夜時，比特的房間還亮着燈。透過門隙，力克看到比特坐在搖搖椅上，手中捧着愛麗絲的童年相簿。隨着搖搖椅輕輕來回搖動，比特彷彿乘坐時光機回到過去，回味從前溫馨甜蜜的回憶。

偶爾，愛麗絲會與比特通電話，訴說她在大城市的生活情況。

「工作太繁重了，我有時候連午餐也忘記吃。」

「我和理察分手了。他不理會我的反對，堅持繼續留在偏遠的小島當實驗研究人員。我對他太失望了。」

「在一個滂沱大雨的晚上，我忘了帶雨傘，在街頭遇到一位名叫約瑟的男生，他是一名考古學家。」

「每個週末，約瑟總會帶我去博物館參觀，為我講述各種歷史文物的故事。我很欣賞他的博學多才。」

「我跟約瑟相處得十分投契，與他展開戀情了。」

後來，愛麗絲因工作越來越忙碌，也沉醉於與約瑟談戀愛，往往只有在節日的時候才會打電話給比特。

流星雨

往後的日子，力克經常從房間窗外望向天空，靜觀四季的變化。隨着季節變更，小蘭花不斷開花與凋謝，轉眼已過了十年。從前比特帶着力克到湖邊踢足球，現在已經變成力克推着輪椅上的比特到湖邊散步。年老患病的比特，為了不讓在城市工作的女兒擔心，一直隱瞞自己的病情。而力克則擔當起兒子的角色，每天照顧比特的起居飲食，陪他聊天。

比特感到自己的生命快要走到盡頭，他告訴力克，綠色是他最喜愛的顏色，象徵大自然和新生命的連結，希望能為力克噴上綠色的色彩。某個午後，坐在輪椅上的比特在陽光下為力克噴上新顏色。噴油罐發出「噠噠」聲響，比特每一次按下噴油，都充滿了愛與思念，就像在將自己的一部分留給這個機器人。比特慈祥地說：「兒子，你要珍惜光陰，好好愛護自己。」力克深情地看着比特，發自內心地回應：「我知道了，爸爸。」

比特告訴力克，兩星期後將會出現流星雨，希望力克能夠帶他上山頂露營，讓他在夜空下觀星。於是，力克用心地蒐集資料，編製路線，整理帳篷和露營工具。到了預測有流星雨出現的那天，力克背起營具，推着輪椅上的比特向山頂出發。上山的路徑十分崎嶇，力克耗盡全力將比特推上山。力克在山林間發現了一條小小的瀑布，他用手

掌輕輕觸碰清澈的流水，兩隻蝴蝶在他身旁翩翩起舞。比特拿起照相機，為力克拍照。在比特的鏡頭下，力克綠色的身軀在山林瀑布之間顯得格外生動，展現出大自然與科技的和諧共融。

抵達山頂後，力克用心地搭起了帳篷，而比特則坐在輪椅上，幫忙為繩子打結。夕陽西下，天色漸暗，力克掏出照明電筒，卻發現燈泡無法亮起，不禁感到慌張，不知如何是好。比特見狀，卻悠然地說：「兒子，不用怕，我早有準備。」然後從腰包中拿出火柴和蠟燭。由於曾經從軍，比特出門總會攜帶一個裝滿緊急用品的腰包。他取出一根火柴，將火柴頭輕輕地在火柴盒側面的摩擦面上快速地擦了一下，火柴頭瞬間點燃，明亮的火焰閃現而出，映照着周圍的黑暗。比特用火柴點亮了蠟燭，又叫力克在地上撿一些樹枝。然後比特像魔術師施展魔法般，發出「嘩啦！」一聲，在樹枝堆上點起了營火，這頓時喚起力克當年點亮聖誕樹小燈的美好回憶。

兩人各握着一支蠟燭，在山頂上俯瞰。山下小鎮萬家燈火通明，遠方的燈塔也亮起旋轉的燈光，為航行的船隻指引方向。他們圍着營火，拿着小結他和口琴合奏。一陣微風吹過，力克的蠟燭被吹熄，比特立即用自己的蠟燭重

新點燃力克的蠟燭。當蠟燭再次亮起時，力克察覺到比特蠟燭的光芒並沒有減弱。力克感而發地說：「將愛傳遞給別人，便能點亮他人的生命，而自己的光芒卻不會因此減弱。」

直到深夜，力克扶着比特躺在柔軟的墊子上，兩人仰望着夜空星辰。比特像當年一樣，向力克解說天體的結構，講述每個星座的神話故事。這些故事力克早已聽過，但比特還是滔滔不絕地說着，這或許因為比特的記憶逐漸模糊，又或許因為他懷念着過往與愛麗絲的回憶，想重溫與孩子們的美好時光。

在深邃的夜空中，突然有幾顆流星劃過，力克立刻哇哇大叫起來。繼而，一羣又一羣流星雨燦爛地在夜空中出現，此時的比特已不再像從前般拿起相機，而是轉身望着力克，叫他一起誠心許願。流星雨過後，力克好奇地問比特：「剛才你許下甚麼願望？」比特微笑地對力克說：「願望是不能告訴別人的，否則便不靈驗了。」但是，他心裏很好奇究竟力克許了甚麼願望，所以便對他說：「不如我們互相交換祕密吧！」結果，他們發現兩人的心願竟如出一轍，就是希望愛麗絲能夠與他們再次一起快樂地生活。

力克看着比特的表情，情緒偵測儀器顯示比特十分憂傷，於是力克啟動內置的正向思維程式，安慰比特：「請相信你所失去的一切，將會迎來更好的東西。雖然愛麗絲現在不在我們身邊，但是還有我跟你在一起。」比特點點頭說：「對的，謝謝你。你就如天上的星星，在寂寞的黑夜中陪伴着我。」

流星雨過後，剩下繁星在夜空中閃耀。力克感歎地說：「宇宙真是奇妙！」渺小的他，對於能生活在這個星球上充滿感恩。力克轉向比特，發現他已經睡着了，於是輕輕為他蓋好毯子，然後自己也閉上了眼睛。

晨光初露，陽光為新的一天帶來希望。力克細心收拾行裝，扶比特坐上輪椅，小心翼翼地將他推回家。在回程的路上，比特感激地對力克說：「辛苦你了，謝謝你陪伴我度過人生最後的階段。」

永遠的離別

比特的身體狀況逐漸轉差，大部份時間卧病在牀。這天，他在睡房的書架上取下一個八角形的古老木鐘，並叫力克進來，告訴他：「這個古老木鐘是愛麗絲祖父留下來的，而這封信是愛麗絲媽媽寫給她的，我一直把它收藏在木鐘下方的小抽屜裏。」比特手中緊握着過世妻子的信件，雙眼通紅，思緒飄回他們戀愛的那些年。

過一會兒，他叮囑力克：「兒子，你要好好收藏這個木鐘和這封信。我過世後，請你親手將它們交給愛麗絲。」力克聽後心裏覺得酸酸的，但仍堅定地答應：「好的，爸爸。」

日子一天一天過去，一直渴望再見愛麗絲的力克，沒想到是在比特的喪禮上。

這天清晨，力克在家門前等待愛麗絲，手中握着已停止擺動的古老木鐘。一輛藍色的古董車在家門前停下，當愛麗絲下車時，力克驚訝地發現她外貌的變化。她化着濃妝，留着長髮，穿着時尚的衣服和高跟鞋，與從前純真樸素的樣子判若兩人。陪伴愛麗絲的男子已不再是理察，而是一位一身英倫風格紳士造型的中年男士，力克心裏猜想他就是考古學家約瑟。

力克上前迎接愛麗絲，依照比特的遺願將木鐘交給她。愛麗絲手握着這個八角形的木鐘，眼淚如串珠般流下。看着生鏽的指針和古銅色的羅馬數字，她不禁回想起小時候，父親用心修理木鐘的情景。木鐘已經停止擺動，指針靜止在十時十分，父親曾經說過：「這是鐘錶櫥窗展示或廣告上必定會調校的時間，時針和分針的對稱讓錶面看起來更平衡，展現出鐘錶最美麗的一面。」父親又說過：「每件古老的物件都承載着一個回憶，經得起時間的考驗，世代相傳。」愛麗絲記得，比特的夢想是開一家古董店，讓每件物件的故事得以永存。

愛麗絲看見木鐘內有一封已泛黃的舊信件，信封上寫着：「給親愛的愛麗絲」。她小心翼翼地打開信封，發現那是母親寫給她的信。當年，母親懷着愛麗絲的時候，不幸被診斷出癌症。比特和醫生都勸她終止懷孕，以便儘快接受治療，但母親做出了重大的決定：她選擇為愛麗絲犧牲治療的黃金時間，冒着生命危險誕下她。在上天的眷顧下，母親最終陪伴愛麗絲走過了五年的成長時光，珍惜着與愛麗絲相處的每一天。

信中寫着：「親愛的愛麗絲：ALICE —— Appreciate Life In Challenging Environment（感激生命中的逆境），我給你取這個名字，是希望你在將來的人生中，無論遇到甚麼困難，都能感激這些逆境隱藏的祝福和意義。」信中還記載了愛麗絲從出生到五歲時，與母親的生活點滴，那些珍貴的回憶，無不流露出母親對她無條件的愛。

愛麗絲的眼淚一滴一滴地滑落，輕輕滴落在力克的頭頂。約瑟從口袋中拿出一條手帕，遞給愛麗絲。愛麗絲擦乾眼淚後，溫柔地為力克拭去頭上的淚珠。愛麗絲看着力克身上的綠色，想起這就是父親最喜愛的顏色，又再次忍不住落淚。望着愛麗絲傷心的神情，力克感到十分難過。

愛麗絲步進家鄉的老房子，與力克到睡房收拾東西。房間裏的粉紅色家具和擺設依然如故，力克用心照料的小蘭花茂盛地開着。力克將小蘭花盆栽送給愛麗絲，但她婉拒說：「不用了，城市的生活太忙碌，我沒有時間照料花兒。」力克點點頭表示理解，然後將最心愛的小兔布偶還給愛麗絲。這個手工製作的小兔布偶已經顯得有些殘舊，布面上滿是毛粒。愛麗絲問：「你不再需要這個布偶陪伴你嗎？」力克回答：「我已經不怕黑夜和怪獸了，所以把這個布偶還給你。如果你在城市生活時感到害怕，它可以陪伴你。」愛麗絲點點頭，將小兔布偶殘舊的衣服脫掉，再放進行李中，不禁輕歎：「如果這隻小兔能像童年時那樣賜予我力量，讓我重拾信心和勇氣去克服恐懼，那該多美好啊。」力克純真地回應：「其實小兔的能力從來沒有改變，只是你不再相信。」愛麗絲無奈地點點頭，心裏想着究竟是力克對世界的看法過分單純，還是自己真的失去了單純的信念。

力克問：「愛麗絲，你這次回來會逗留多久呢？」愛麗絲想了一會兒，略帶憂愁地說：「喪禮之後，我會處理房子的事，等一切都辦妥了，我就得回城市工作。」就在此時，愛麗絲的手機鈴聲響起。原來是一位房子買家來電，約定在比特喪禮之後來買下這間房子。掛上電話後，愛麗絲的心裏充滿了複雜的情感。

她走出房間跟約瑟說：「房子已經有買家確定了，我們看看有甚麼東西想帶走。有些物品承載着寶貴回憶，需要好好珍藏。」約瑟是一位考古學的專家，對於古老物品充滿了濃厚的興趣。他在比特的房間裏繞了一圈，仔細檢視每一件物品。最終，他挑選了留聲機和搖搖椅，

並小心翼翼地將它們搬到下層的客廳裏，準備帶回家中。

愛麗絲和約瑟整天忙於籌備比特的喪禮和收拾東西。直到夜晚，力克渴望和愛麗絲重拾以往的美好時光，一起在房間隔着小窗數星星，看故事書，然後恬然入睡。可是，愛麗絲卻拒絕說：「這房間太小了，我想跟約瑟去爸爸的房間休息。」力克失落地點點頭，拿着一本故事書，獨自走回愛麗絲的房間。而在隔壁比特的房間，愛麗絲和約瑟的話語聲不時傳來，伴隨着音樂聲，房間裏瀰漫着一種溫馨的氣氛。力克獨自坐在房間裏，聽着他們的笑聲，感到十分孤單，他唯有把書蓋起來，然後閉上眼睛獨個兒等待天明。

比特的喪禮在山丘上舉行，隨着主禮人的悼詞結束，親友們將鮮花輕輕地放在泥土中的棺木上。懷着悲痛的心情，力克將比特最愛的口琴也放進去。力克在口琴的表面刻下了一段字句：「爸爸，期待我們重聚的一天，永遠懷念你的兒子力克。」然後，他拿起比特送給他的那把小結他，滿懷思念地彈奏着。眾人都低着頭，哀悼逝去的比特。

四周的樹木低垂着枝葉，枯黃的秋葉隨着微風在空中輕拂，緩緩飄落在比特的墓前。力克曾聽比特說過：「每一片樹葉的飄落，不僅是一段故事的結束，同時也寓意新生命的開始。生命的價值不在於長度，而在於深度。」他回想起小貓阿積離世時冰冷身軀，還有比特離世時臉上的安詳面容，這些情景引發他對死亡的思考。他聽說，有的

相信人死後能夠上天堂，得到永恆生命；有的相信輪迴，靈魂將不斷轉世，直至到達極樂世界。這些信仰讓人類面對死亡時，仍然得到希望和慰藉。然而，機器人並沒有重生的可能性。當能量耗盡時，他們只會變成一堆廢棄的金屬與零件，灰飛煙滅。面對不可避免的死亡，力克只能珍惜有限生命的每一刻，追隨熱愛的事，透過人與人之間的互動傳遞愛與溫暖，讓生命變得有意義。

踏上孤獨的旅程

喪禮過後，力克跟着愛麗絲和約瑟回家，門前有一位穿着黑色西裝外套的中年男士在踱步。他就是這間房子的買家，也是一位電動車工廠老闆。當他在簽署房屋買賣合約時，看到力克靜靜站在一角，便問愛麗絲：「這個機器人你賣不賣？我的工廠需要很多機器人來幫忙。」力克聽到工廠老闆的話後，瞪大了雙眼望着愛麗絲，心想：「我不是跟你一起回城市的嗎？」

愛麗絲對工廠老闆的提問感到有些茫然，便轉身跟旁邊的約瑟商量。經過一番討論，他們認為在城市的家裏並不需要一個機器人，於是決定將力克賣給工廠老闆。雖然心中充滿不捨，但愛麗絲覺得這或許對於力克來說是最好的安排。工廠老闆以低價購入了這個機器人，感到走運了。他迫不及待地走出房子，去貨車上拿機器人交易合約。

當約瑟和愛麗絲跟隨工廠老闆步出家門後，門前的兩盞法式小燈引起了約瑟注意。約瑟問：「愛麗絲，我對這兩盞小燈非常感興趣，它們的設計和工藝都展現了十九世紀風格。我們可以把它們拆下來，搬回城市的家嗎？」愛麗絲思索片刻說：「這個主意聽起來不錯。」

在告別的時刻，愛麗絲與力克一起坐在大門前的樓梯上。她深情地對力克說：「謝謝你這些年來的陪伴，無

論是快樂還是悲傷，你總是陪着我成長。你對我來說，永遠是生命中最特別的。」力克靜靜地聆聽，雙眼凝視着那對已被拆掉的法式小燈，約瑟小心翼翼地將它們包裝好，準備帶回城市。他心裏覺得很難過，因為自己不能像法式小燈一樣跟他們一起回家。但是，力克明白這是愛麗絲的選擇，正如比特所說：「人生就像乘搭火車一樣，旅程上每個站都有不同的人上車下車。」現在正是愛麗絲下車的時候，他只能無奈接受，未來的路將是各自的旅程。

工廠老闆緩步走到他們面前，咳了兩聲，輕托頭上的紳士帽，引起了他們的注意。愛麗絲簽下賣掉力克的合約，便讓力克跟着工廠老闆離開。力克坐上工廠老闆的貨車，靜靜看着窗外的風景一幕幕掠過。

到了火車站，工廠老闆將貨物和力克送上貨運火車，車廂內沒有任何隔音設備，嘈雜的環境吵得像戰場的子彈聲。列車「轟轟」地行駛着，穿越山洞和不同的城市，力克心裏充滿疑惑，不知道自己將會到達怎樣的地方，過着怎樣的生活。他在滿載貨物的車廂中帶上耳機，聽着比特錄製的卡式帶，懷念着第一天與愛麗絲在山丘相遇的情景。在古典音樂的背景下，力克閉上眼睛，左手抱緊小蘭花盆栽，幻想自己躺在湖邊草地上，黃色小鴨開始在他身旁伴舞。

藍色機器人

多個小時後，火車發出響亮的鳴笛聲，逐漸減速後停了下來。滾滾煙塵漸漸散去，車門打開後，力克看到一些穿着灰色制服的工人走過來，他們大聲呼喝：「快點下車，到工廠前台報到！」力克立刻收起耳機，背起背包，跑進工廠內。他看見一羣藍色的機器人專注地在生產線上進行組裝工作，那些全是工業機器人。

力克在工廠前台報到後，將隨身物品存放在儲物區，然後跟着工作人員走進維修部門。維修員用各種儀器仔細地為力克檢查，然後在他身上噴上藍色顏料，並在頭部後

方印上白色編號「1114」。全身藍色的力克一臉嚴肅，瞬間展現出一種工業風格。

走進工廠的生產區，力克已經融入了這羣藍色的工業機器人。不過，由於他的體型較小，所以被安排負責較輕量的組裝工作。「大家好！我是力克，請多多指教。」力克向其他機器人打招呼，卻沒有得到任何回應。那些工業機器人一直低着頭埋頭苦幹地工作，似乎對他並不在意。力克感到有點無奈，只好拿起工具，在「隆隆」的機器聲下開始工作。

「力克，力克，是你嗎？」力克回頭，看到一個藍色的 T386 機器人走過來，他手上還戴着一個殘舊的白色網球護腕套。原來幾年前，米娜結婚後搬到城市定居，也將他的機器人 T386 賣給了工廠老闆。在陌生的地方遇見老朋友，力克感到十分欣喜。T386 開始教導力克各種組裝技巧，與他一起辛勤工作。

到了晚上，力克從儲物區取出小結他，並將小蘭花栽種在工廠旁的草地上。然後，T386 帶着力克走到工廠後方的一片空地，那裏放置着許多儲存工業原料的貨櫃箱。在這些貨櫃箱的盡頭有一個小小的山坡，在嘈雜的工廠環境裏，竟悄然存在這一處寧靜的綠洲。這兩個機器人坐在山坡上，T386 啟動了胸前的投射器，力克驚喜地發現裏面依然儲存着愛麗絲和米娜大學時代的影片。

隨着幾聲「咔嚓咔嚓」的聲響，T386 將影像投射在貨櫃箱上。力克陶醉地觀看昔日與愛麗絲共度的美好時光，心中充滿了懷念。他即興地彈奏着小結他，為這段回憶增添了一層柔和的音樂氛圍。

機器人的友情

有一天，由於一個負責重型工作的機器人出現機件故障，力克和 T386 被調派到重工業部門幫忙。

在重工業部門的大閘外，站着一個巨型的藍色機器人，他的體積幾乎是力克的兩倍，雙手的鋼鉗堅硬粗壯，像擁有無比的力量。巨型機器人胸前刻着「06」的白色編號，應該是工廠的首批工業機器人，他帶領着力克和 T386 前往工作區域。

在重工業部門的工作現場，巨型的工業機器人們用鄙視的眼神望着身形矮小的力克和 T386，似乎認為他們無法勝任工作。力克友善地向他們揮手，但他們只是冷漠地用手指向安裝貨車引擎的區域，示意他們到那邊工作。力克用盡全身氣力，拼命推起一個沉重的引擎，但是他力氣不夠，無法將引擎安裝到車身上的正確位置。T386 看見這個情況，立即跑上前協助，他們最終合力完成任務。

突然，在不遠處傳來一聲巨響，原來是一個貨櫃箱翻倒了，正要壓向那個 06 號巨型機器人。在千鈞一髮之際，力克完全忘記了自己矮小的身軀，奮不顧身地衝向前，用雙手扛住貨櫃箱，讓巨型機器人能及時脫險。可是，力克的力量終究有限，他無法支撐住那沉重的貨櫃箱。「砰嘭」一聲，貨櫃箱重重地倒下，壓斷了力克的左臂。

T386竭盡全力把力克拉出來，06號巨型機器人馬上抱起他，迅速走向維修部門。按照工廠慣例，嚴重損毀的機器人都會被送往廢鐵回收區，因此他們必須在老闆發現之前，將力克的左臂修復好。T386在零件庫中不斷打轉，尋找手臂的新零件，而巨型機器人則把力克固定在修理台上，準備各種焊接工具。焊接器擦出一閃一閃的火花，T386像個小助手般協助巨型機器人。

經過半小時的修理，他們成功為力克裝上了新的前臂。力克站起來，無奈地看着新接的銀色手臂，覺得跟自己不太相襯。T386 安慰他說：「之前你的前臂上滿是刮痕，我覺得這個新的比較好看。」力克望着 T386，對他懂得安慰別人的行為感到很意外，而自己亦慢慢接受這條銀色手臂。接着，三個機器人立刻跑回工作崗位，清理現場，繼續貨車引擎的安裝工作。他們合作無間，不僅準時完成所有工作，還因這次意外成為了好朋友。

晚上，工廠老闆經過山坡，看到三個不同型號的機器人在星光璀璨的夜空下，靜靜地觀看貨櫃箱上投射的往日生活片段。力克依舊手持小結他，輕聲地彈奏着，優美的旋律在空氣中迴盪。工廠老闆驚歎這三個機器人與工廠裏

其他機器人截然不同，他們似乎擁有人類的友情及懷念過去的情懷。

就在這時，遠方的夜空突然傳來一聲「轟隆」的巨響，原來城市正在慶祝新年的到來，綻放着絢麗多彩的煙花。T386 立刻將胸前的數碼鏡頭對準夜空，記錄下精彩的煙花表演。巨型機器人也被煙花深深吸引，站起來觀看。相比之下，力克卻只是坐在一旁靜靜觀賞，心裏想着：「煙花雖美，但它始終是一閃即逝的。」他感受到人類世界的變幻無常，期許自己能夠欣然接受這一切，勇敢面對世事的變遷。

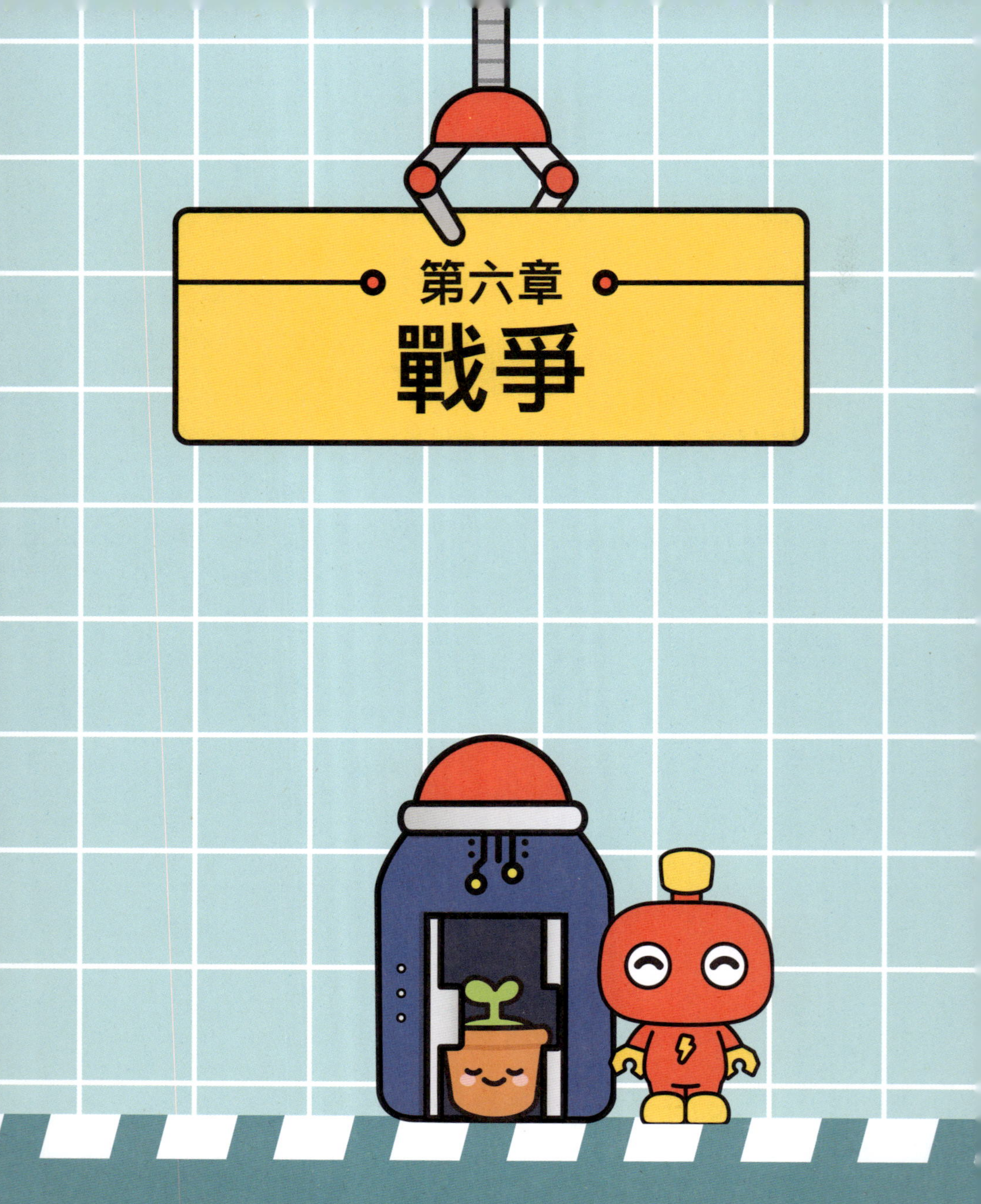

第六章
戰爭

SCARS MAKE YOU STRONGER

回復原本的色彩

經過數年的工廠生活，力克已經習慣了每天長時間工作，偶爾他會在午休時間戴上耳機，播放比特給他的音樂帶，在枯燥乏味的工作中享受一點樂趣。然而，命運總是愛捉弄人，突如其來的事件再次改變了他的生活軌跡。

一天早上，工廠響起刺耳的警報聲，力克和其他機器人迅速跑到空地集合。他們很快發現，這警報聲並不僅在工廠內響起，而是遍佈整個城市。原來，國家的軍事小島受到鄰國襲擊，雖然軍方已派出士兵增援，但仍有大量傷兵在戰區被困。軍方緊急到各個工廠徵召救援機器人，委派他們前往戰區執行救援任務。

龐大的軍事運輸機在空地上降落，工廠人員手中拿着厚厚的文件迎接。運輸機的螺旋槳停定後，穿着迷彩戰衣的軍官步出機艙，氣氛變得十分緊張。工廠老闆向軍官敬禮，然後帶着他走向列隊站着的機器人，旁邊的軍人則在空地上搭建臨時工作站，準備為機器人進行篩選檢查。

力克戰戰兢兢地排着隊，從工廠老闆和軍官的對話中，力克隱約聽到他們正在挑選機器人派到戰場前線執行任務。雖然內心充滿不安，但是他深知保衛國家是每個人的責任，必須鼓起勇氣守護自己心愛的家園。他目睹 06 號巨型機器人和 T386 都未能被選中，繼而被送回工廠。突然，身旁的軍人大叫：「就是這個！」力克的目光跟隨

着軍人的指向，落在自己身上的電子接駁器，然後沿着電線望向檢測儀器上閃爍的指示燈圖表。

其他軍人立即停止手上的工作，開始用各種儀器為力克檢查。不久，軍官在工廠老闆的文件上簽署，然後宣佈軍隊正式徵用這個 T50 機器人。軍官挑選力克這種舊式機器人的原因，是由於戰鬥部隊的新型號機器人曾經遭到敵軍黑客控制，導致大量士兵嚴重傷亡。而 T50 機器人採用了封閉的操作系統，甚至連電源都無法更換，因此能夠有效防止黑客入侵。

T386 和巨型機器人從工廠門外看到這一幕，立刻跑到儲物區取回力克的隨身物品，並把草地上的小蘭花移回花盆中。他們全速奔向即將起飛的軍事運輸機，將物品和小蘭花交給力克。T386 和巨型機器人揮着手，向他道別：「再見了，力克，我們的好朋友！希望你平安回來！」

在軍事運輸機上，軍人指示力克坐在機艙的中央位置，並替他扣上安全帶。力克環顧四周，除了軍人和各種武器外，還有四個 T50 救援機器人。他們的外形與力克相同，顏色是戰鬥機所用的「空軍藍」，也就是力克原來的顏色。T50 救援機器人的能源裝置與身體相連，擁有長達五十年壽命，專門用於救援任務。他們對求救信號有強烈的感應，能在危難關頭產生巨大的力量，做出意想不到的事情。這也解釋了為何每次遇到危難時，力克總能展現出強大的力量，拯救那些身處險境的人。

力克左手緊緊握着小蘭花盆栽，回想在工廠生活的這段時間，與 T386 和巨型機器人彼此扶持，共同克服挑戰，建立深厚情誼，對他們充滿感激之心。不久，運輸機飛近一座巨型石山，力克感覺機身開始下降，準備着陸。機尾巨型艙門打開後，力克依照軍人的指示，跟隨其他 T50 機器人走進軍營作最後檢查。

通過一條條又長又窄的圓拱形通道，力克到達一個軍事機器人研究室。穿着白袍的工作人員看着力克胸前如雷電般的裂痕，正在討論該如何修復。最後，他們決定先替力克洗掉身上的顏料，再更換胸前的鋼板。

來到一個像洗車工房的地方，花灑不斷噴出化學溶劑，從力克的頭頂一直流到腳掌，他身上的顏料慢慢褪色，從藍色，到綠色，繼而是黃色、紅色、粉紅色，力克過去被噴上的一層層顏料都一一被洗掉，最後顯現出原

Dear SANTA~
I Want a Bunny
to Overcome
Darkness

有的灰藍色，而愛麗絲小時候用蠟筆在他背後寫下的聖誕願望卻奇跡地遺留下來。接着，輸送帶將力克送到維修工房，力克抬頭看見裏面存放各種 T50 機器人的配件。工作人員控制機械臂，首先用尖銳工具將力克胸前鋼板拆除，然後換上一塊全新的銀色鋼板，最後再將鋼板和曾改裝的左臂噴上 T50 原有的灰藍色，那塊擁有雷電般裂痕的鋼板被丟在地上。

力克站在檢視台上等候軍官來作最後檢查。當百蘭狄上校踏入工房的一刻，工作人員立刻筆直站立，並恭敬地向他敬禮，顯示出他在軍隊中擁有崇高地位。力克望着這位身形魁梧的上校，他的凌厲眼神散發令人敬畏的威嚴。力克注意到他的軍服上佩戴着多不勝數的勳章，其中一枚飛鷹形狀的英勇勳章格外耀眼。他記得比特說過，這枚勳章代表軍人在激烈的戰役中展示卓越表現，是軍隊中最高的榮譽。

百蘭狄來到力克面前，圍繞他走了一圈，眼睛由上至下地打量着。他看見力克背部寫着「祈求聖誕老人給他一個小兔布偶，讓他不再害怕黑暗」，便用充滿威嚴的語氣問：「你還怕黑嗎？」力克回答：「不怕。」百蘭狄繼續問：「你還相信世上有聖誕老人嗎？」力克堅定地回答：「絕對相信！」百蘭狄點點頭，跟身旁的工作人員說：「將這個天真而勇敢的機器人加進我的隊伍吧。」

指揮官集合所有 T50 機器人到訓練營，進行廿四小時密集訓練。在訓練營中，機器人均需進行射擊、格鬥、投擲物件及攀爬等訓練。所有機器人都順利完成了訓練並

通過評核，唯獨力克表現欠佳：射擊時擊中錯誤目標、投擲物件時完全失準、格鬥中被擊倒在地，甚至在攀爬訓練中被鋼線卡住了頭，動彈不得。指揮官唯有將鋼線剪斷，將他拖出管道，並在他身上貼上了一張「不錄用」的橙色標籤。

到了晚上，所有 T50 機器人立正站在軍營外，進入待機模式，準備明天出發到戰場。唯獨力克亮着頭頂小燈，獨自走進黑暗的訓練場地，心中一直默念着「Believe you can，有信心定能做到！」，努力地反覆攀爬佈滿障礙物的管道。百蘭狄於指揮室的窗戶看到有一

盞小燈在黑暗中閃爍，心生好奇，於是走出來看個究竟。

當力克爬過最後一個障礙物時，百蘭狄上前詢問：「你已經被取消資格了，為何還在這裏練習？」力克回答：「我想努力練習令自己達標，參與這場救援任務。」百蘭狄覺得力克非常獨特，彷彿在他身上看到了以前的自己。他向力克分享自己的經歷：最初他加入軍隊時，體能很差，無論做甚麼都不及其他隊員。所以，他在深夜時分不斷鍛煉，後來參與了許多戰役，完成了無數看似不可能的任務。百蘭狄語重心長地告訴力克：「你的態度很值得讚許。起跑線的輸贏並不重要，最重要是在終點取得勝利。」說完，他扶起力克，將他身上的「不錄用」標籤撕去，批准他參與明天的救援任務，並叮囑他早點休息。

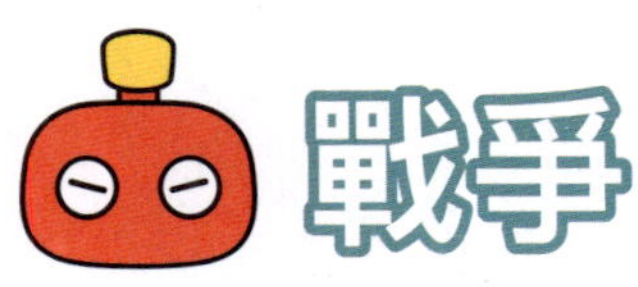

戰爭

早上，力克跟着百蘭狄上校的部隊到軍營集會，情報分析員開始向隊員講解這次任務的細節。「遇襲的小島是位於北方的羅斯島。據報島上的軍事基地正在進行一項機密研究，但實際的內容連軍方高層也無法得知。」情報分析員繼續說，「這次任務的目標是營救被敵軍圍困的士兵和研究人員，然後炸毀已失守的軍事基地，以防止資料外泄。」

集會結束後，隊員們走到軍備庫組裝武器和裝備。百蘭狄吩咐部下保管力克的隨身物品，並叮囑他們要好好照料小蘭花，待力克完成任務後再取回。百蘭狄為力克背上救生背包，這個背包除了配備各種緊急救援的藥品，還可以充氣變成救生艇。然後，百蘭狄拿出一些迷彩顏料，塗抹在力克的面部和身軀上，這個儀式如像是上戰場前的一種祝福。當力克的臉上展現迷彩圖案時，瞬間散發出一種強悍而無畏的氣勢。

力克注意到隊員們都會把親人或愛人的照片放進軍服的口袋中，於是他從自己的背包中取出他和愛麗絲小時候的合照。力克凝視着這張合照，把它放進救生

背包內，然後抬起頭，與其他隊員一同步上運輸機。

在機艙內，百蘭狄安排力克坐在他身旁，並為他扣上安全帶。坐在力克另一旁的東尼上尉是一位身經百戰的軍人，他膚色黝黑，身形魁梧，右臉上有一道刀疤，令人有一種生人勿近的感覺。力克看見東尼的前臂有一個鳳凰圖案紋身，並寫着「Scars make you stronger」（傷疤讓你變得更強大），這句口號與他臉上的疤痕形成了強烈的呼應。力克使用內置系統搜尋這位上尉的資料，發現他曾隸屬最精銳的特種部隊，精通海、陸、空各種戰鬥技能。而特種部隊以鳳凰為圖騰，傳說中的鳳凰曾被火焰焚燒，於灰燼中重生，象徵特種部隊隊員奮鬥不懈、視死如歸的大無畏精神。

東尼用輕視的眼神上下打量力克，冷冷地說：「這個機器人有甚麼用？我們的任務非常危險，這個小子能勝任嗎？」力克抬頭望着東尼，然後轉向百蘭狄。百蘭狄堅定地回應：「我挑選的每一個隊員都有他的才能，我相信力克絕對能勝任這次任務。」東尼咬着口香糖，不以為然地回答：「瞧瞧看吧！」

運輸機越來越接近羅斯島，外面傳來爆炸聲，島上閃着猛烈的火光。百蘭狄高聲叫着眾隊員準備作戰，隊員們立刻作最後一次檢查裝備，齊聲回應：「我們已準備好！」運輸機還未着陸，機尾的艙門已緩緩打開，隊員們背着降落傘一個接一個跳下海灘。百蘭狄從後抱着力克一起跳下，在空中俯瞰整個海灘，大聲喊：「衝！衝！衝！」從高處墜落的感覺令力克感到非常驚慌，這是由於他在未來世界曾經意外從一座摩天大廈的天台掉下來，折斷前臂，那驚恐經歷仍然記憶猶新。不久，百蘭狄張開降落傘，不出二十秒他們經已着地。百蘭狄迅速收起降落傘後，帶着力克拼命向前跑。力克的腳掌不斷陷進海灘的細沙中，沉重的身軀讓他步履維艱。

看到海灘上槍林彈雨的情景，力克感到十分恐懼。海灘後方的叢林被猛火燃燒着，充斥着濃厚的灰色煙霧。在隊員的呼喊聲和子彈掃射聲下，力克不斷中彈倒下又再次爬起來，腦海中一片空白，忽爾浮現出他與愛麗絲第一次相遇時的景象，當時他們在海灘上遙望紅白色的燈塔，一切都是那麼美好。

「衝！衝！衝！」百蘭狄繼續高聲呼喝着。力克回過

神來，與隊員們一起向島上的軍事基地全力推進。生命探測器發出的求救訊號不斷增強，力克望見身旁的另一支部隊正與敵軍交戰。一名士兵中槍倒地，那隊的 T50 機器人也被炸開兩截，但上身仍不斷掩護受傷的士兵，為他擋住流彈。力克迅速從背包中拿出紗布及繃帶，為受傷士兵急救。他留下一些急救用品，轉身對剩下半身的 T50 機器人說：「請你繼續照顧他，不要放棄！」說罷，他便迅速返回自己部隊的崗位，然後全速跑向滿佈火光和濃煙的基地，與百蘭狄會合。

當百蘭狄的部隊正與敵軍在基地的大閘外激烈駁火之際，東尼率領他的部隊靜悄悄地跨過石牆，從基地的另一端突襲敵軍，成功打開了大閘，讓百蘭狄的部隊進入基地。兩支部隊成功擊退敵軍，走進基地內的地下密室。

機器人的任務

地下密室原來是一個高端科技的實驗室，透明試管裝置內收藏了一些未知的生物和神祕的物件，旁邊放置了一個外形彷如汽水罐的巨型裝置，力克一眼便認出這正是當年帶他穿梭時空的時光機。

突然，力克的生命探測器響起，他跟隨探測器的指示前行，發現有一個穿着白袍的科學家奄奄一息地躺在地上。科學家的雙手緊抱着一個金屬盒子，盒子縫隙中透出微弱的藍光。力克走近那個科學家，看到他的左腿受了槍傷，鮮血不斷從傷口流出，情況十分危急，掃描器顯示他

的左腿必須進行截肢手術。

力克馬上用紗布及繃帶替科學家止血和包紮傷口，並迅速為他注射止痛藥物。經過急救後，科學家漸漸恢復知覺，然後轉過頭來。力克感覺他的臉孔很熟悉，認出他就是愛麗絲的初戀情人理察，力克立刻大叫：「理察！我是力克！」理察神情模糊地望着眼前的灰藍色機器人，雖然跟從前黃色的外表有很大分別，但理察仍從那雙圓渾的眼睛認出他就是力克。理察用盡氣力將手中的金屬盒子打開，裏面盛載一顆閃耀着藍色光芒的寶石。他用微弱的聲音說：「這顆時間寶石擁有不可思議的力量，只要將它運用在機器上，隨着時間的累積，它將釋放出強大的能量，讓任何機器的效能都發揮到極致。請保護這顆時間寶石，運用它去造福世界，不要落入敵人手上啊！」

聽到理察的話，力克確信那就是曾經藏在他身體內，繼而被他用來啟動時光機來到現在世界的時間寶石。剛才那場殘酷的戰爭上，力克看到無數的死傷者，心裏不由自主地產生對死亡的恐懼，感受到自己與人類同樣脆弱。當他再次見到這顆時間寶石時，腦海曾經閃過一個念頭：如果能將它重新放入自己的體內，就能像昔日般獲得永恆的生命。然而，聽完理察的話後，他更希望用這顆寶石來造福世界，而非用於自己一人身上。

接着，理察失去意識暈倒了。力克望着氣若游絲的理察，堅定地說：「我們一起離開這裏吧！拍檔！」力克小心翼翼地將時間寶石收藏在背包裏，然後背起理察朝實驗室的出口走去，與部隊會合並撤退。他們拚盡全力跑去基地的出口，背後連續不斷的爆炸聲追趕着他們。力克用消防員救援的方式，緊緊背住理察，一步一步走近海灘上的救援直升機。此時，理察逐漸恢復了一些意識，口中不斷喃喃低語：「力克，愛麗絲在哪裏？愛麗絲近況如何？……」

直升機從高處放下擔架，救援人員迅速將理察抬上擔架，並檢查他的維生指數。力克從背包中拿出時間寶石及他與愛麗絲的合照，放進理察的口袋內。接着，救援人員舉起手做出打圈動作，示意將擔架升起，並聯絡軍方醫療隊準備進行緊急截肢手術。

百蘭狄正準備為力克扣上吊帶，讓他乘坐直升機一起離開。突然，力克的生命探測器再次響起，顯示東尼正身處險境，急需支援。「百蘭狄上校，你先和隊員離開吧，我要返回基地營救東尼上尉！」力克對百蘭狄說。百蘭狄說：「基地已淪陷，我們已經啟動了自動毀滅系統的爆炸裝置，現在距離爆炸只餘十五分鐘，你不能回去！」力克面向百蘭狄肅立，做出敬禮手勢，堅定地說：「救援是我的任務！」百蘭狄說：「你這樣做很可能會葬身於此地！」力克毫不猶豫地回答：「如果犧牲自己能夠拯救其他人的性命，我願意作出這樣的犧牲！」說罷，他便轉身朝基地方向跑去。

百蘭狄和隊員們面向力克的背影立正敬禮。隨着直升機頂上的螺旋槳加速轉動，四周捲起像煙霧般的沙塵，機身逐漸向上飛揚，迅速離開小島。

勇氣

再次踏進基地，力克獨自在煙霧瀰漫的通道中走着，生命探測器引領他前往一號倉庫。通道盡頭再次傳來震耳欲聾的槍聲，力克看到東尼被敵方逼到一個角落裏，他的右肩受了槍傷，正在單手為機關槍裝上子彈。

力克迅速地跑到東尼面前，用身軀為他擋子彈，並關切地問：「東尼上尉，你還能走動嗎？」東尼忍着痛楚回答：「小伙子，你竟然還在這裏！來，快替我從口袋中拿片口香糖。」力克給東尼吃過口香糖後，立刻從背包中拿出止痛針，注射在他肩膀上，然後用自己的背部作掩護，扶着東尼朝出口走去。與此同時，東尼不停地用機關槍瞄準敵方射擊，力克的背部像一個盾牌，為他擋住飛來的子彈，兩人合拍地一步步向前進。

在濃煙密佈的通道內，力克大聲叫：「東尼上尉，閉上眼

睛，抓着我的肩膊向前走！」背後的槍聲漸漸變得零碎而且遙遠，力克告訴東尼，距離大爆炸只剩三分鐘的時間，他們必須加快步伐。

「五、四、三、二、一！」──力克和東尼及時在最後一刻一起跳出基地大閘。就在他們落地的一瞬間，力克用自己的身體保護東尼，竭盡全力擋住強大的爆炸和碎片的衝擊。

海風吹過沙灘，煙霧逐漸散去，基地已夷為平地。力克細心地檢查東尼的身體狀況，並為他包紮傷口。東尼咳了幾聲後，漸漸恢復知覺，看到力克在不遠的海岸邊，將背包充氣變成救生艇。力克的生命探測器通知他東尼已經蘇醒，於是力克轉身走向東尼，伸出手示意幫他站起來。東尼緊緊握住力克的手，望着他說：「謝謝你，很棒的小伙子，你比我想像中厲害！」力克扶着東尼，一拐一拐地朝救生艇走去。看見沙灘上滿佈地雷炸出來的洞，力克停下來，用消防員救援法背起東尼向前走。東尼苦笑着：「我還走得動，放我下來呀，哈哈！」力克對東尼說：「你右肩中了槍，流了許多血，會有生命危險的，我們要趕快登上救生艇啊。」然而，東尼依然笑着回答：「我一向愈挫愈強，受傷沒甚麼大不了的，最多也就是多一兩條傷痕當作留念而已。傷痕會讓我變得更強！」不過，東尼的笑聲漸漸微弱，最終又再次失去了知覺。

力克攙扶東尼登上救生艇後，將小艇的繩索綑綁在自己身上，迎着海浪向前走，直到海水把他的肩膀淹沒，他才收起繩索爬上救生艇。救生艇隨着海浪漂浮，力克回望

羅斯島上的黑煙和火光，心裏為那些傷亡的士兵和被摧毀的物件感到無比惋惜。

天色漸漸昏暗，力克的生命探測器偵測到東尼的體溫正在下降，於是他立刻為東尼蓋上保暖救生毯，並啟動身上的熱能裝置。救生艇在浩瀚無邊的大海上漂流，突然雷聲響起，一道閃電劃破了夜空，頃刻下起傾盆大雨來。暴風雨翻起的巨浪如同猛獸般襲來，差點將救生艇吞沒。力克一手抱緊東尼，一手抓緊小艇，竭盡全力不讓小艇翻側。全身濕透的力克望見遠方的燈塔發出瞬息明滅的燈光，那道光如同黑暗中的一絲希望，讓他看到了回家的方向。力克發放最大能量，將頭頂的小燈射向燈塔，希望能引起注意。幸運地，燈塔附近的巡航艦指揮塔人員看見力克發出的求救信號，立刻派出救援隊伍前往營救。

東尼被力克和救援人員扶着，步履蹣跚地登上巡航艦。這時，一把熟悉的聲音從背後傳來：「力克！我的兄弟！」原來是百蘭狄上校。百蘭狄再次見到力克，興奮地衝上前擁抱他，心中充滿驚喜和欣慰。健碩的他想將力克像小孩般緊緊抱起，但因身上受了傷的緣故，他只能將力克抬起離開地面一吋多而已。力克被百蘭狄的熱情舉動弄得有點難為情，恍如當天被米娜的狗狗斑尼親吻般笑着說：「百蘭狄，不要這樣啊！百蘭狄……」與此同時，救援人員迅速將東尼送往醫療室。經過醫療人員的悉心治療，東尼的狀況已經穩定下來，這讓所有人都鬆了一口氣。

每一天的新希望

夕陽的餘暉灑落在巡航艦的甲板上，映照出一片金黃色彩。百蘭狄和力克靜靜地坐在一起，回顧昨天經歷的激烈戰況。百蘭狄對力克說:「全靠你在關鍵時刻衝入火線，救回東尼。你真的很勇敢，謝謝你！」但力克卻只是謙虛地說：「我的任務就是保護你們。」百蘭狄用充滿欣賞和敬意的眼神望着力克說：「你真是個英雄。我們人類也需要勇氣，像你般無所畏懼。」

百蘭狄因受傷而脫去了上身制服，用繃帶綁着上肩，展露出粗壯結實的手臂。力克注意到他手臂上有一個太陽圖案的紋身，這令他回想起往昔愛麗絲也曾經在他的右肩上，貼上一個小小的太陽圖案貼紙。然而，不知何時，那個貼紙已經脫落了。力克問：「我以前右肩上也有一個太陽圖案貼紙，你臂上的圖案有特別意思嗎？」百蘭狄微笑地說：「這太陽圖案象徵着希望，就如黑夜過後，每天早上太陽總會從東方升起，千年前如此，千年後也如此。今天縱使烏雲滿佈，明天太陽總會出來。」他見力克似乎對這個圖案很感興趣，於是問：「你想要一個嗎？」力克興奮地說：「當然！可以嗎？」百蘭狄點點頭，然後呼喚隊員從工具箱中拿出工具，親自在力克背部的右上方刻出一個充滿生機的太陽圖案。完成後，百蘭狄對大家說：「記住無論面對甚麼挫折，只要心中懷有希望，明天總有新的

Dear SANTA ~
to Overcome
Darkness

開始。」隊員們無不受百蘭狄的話激勵，內心充滿着勇氣和力量。力克亦回想起小時候愛麗絲也曾經對他說過，希望他能夠成為自己的太陽。

隔天早上，巡航艦駛回到港口，軍隊整齊地列隊上岸，力克看到曾經並肩作戰的隊員們在岸上熱烈地歡呼，迎接他和百蘭狄歸來。百蘭狄一手搭着力克的肩膀，自豪地步進軍營，沿途的士兵們一直向他們立正敬禮。百蘭狄帶着力克回到機器人維修工房，為他檢查機件。檢查人員告知力克一切正常，但能源裝置顯示他的電量非常低，相信不久便會耗盡。

百蘭狄在軍方電腦資料庫中找到力克主人愛麗絲的聯絡資料，將電話號碼寫在一張黃色紙條上，交給力克說：「力克，你的能源不久便會耗盡，你為國家服務的任務已經結束。在餘下的日子，你必須善用時間完成你想做的事情，這是我的命令！」力克思索了一會，回答說：「遵命，百蘭狄上校。」

接着，百蘭狄吩咐部下把小蘭花盆栽還給力克。力克接過花盆，輕輕將那張黃色紙條插在泥土中，這樣就不會丟失。百蘭狄又從儲物庫拿出力克的隨身物品，還將一張火車通行證掛在力克的頸上。百蘭狄蹲下來，為力克背上背包，情境猶如當天上戰場前的那一刻。他從軍服上除下

那枚飛鷹勳章，扣在力克的背包上，就像傳遞一份至高無上的榮耀。最後，百蘭狄拿出清潔劑和絨布，細心地為力克擦去臉上的迷彩顏料和污漬。

力克肅然立正，左手拿着小蘭花盆栽，右手向百蘭狄作出敬禮手勢，心裏湧起一股兄弟般的情感，這是他最後一次向這位戰友致敬。他帶着不捨和感激的心情說：「謝謝你，百蘭狄上校。無論未來的路有多艱難，我都會心存希望，相信明天會更好。」百蘭狄臉上露出微笑，眼睛閃着淚光，在心中默默祝福力克。

第七章
尋找

MAKE EVERY STEP COUNT

重遊故地

力克前往軍營附近的火車站，登上一列高速火車。他打算在餘下的時間，到家鄉的燈塔走一趟，向這個世界作最後道別。力克從車廂望出去，玻璃窗外的風景漸漸從滿佈摩天大廈的城市變成綠草如茵的郊鄉。遠方家鄉的燈塔在海邊屹立着，塔頂的燈光不斷旋轉，為無數在潮起潮落中航行的船隻導航。

經過一整晚的漫長旅程，火車終於到達家鄉的車站。力克下了車，漫步在泥濘的小路上，沿途經過翠綠的小山丘，蝴蝶在草叢間飛舞。在前往燈塔的路途中，力克經過以前與愛麗絲和比特居住的屋子。力克抬頭望向二樓的圓

拱形小窗，回想當年跟愛麗絲一起生活的快樂時光。

然後，力克經過愛麗絲從前的學校，站在樹旁觀看學生們在球場上打籃球，又彷彿看到愛麗絲小時候弄傷腳踝坐在輪椅上的情景。力克蹲下來，雙手像有肌肉記憶般在草叢中拾了一束紫色小花。此時，有位年長的老師看見這個機器人，走出來看個究竟。

力克看見那位滿臉皺紋的老師，從她那啡紅色的捲髮及金絲圓框眼鏡辨認出她就是愛麗絲當年的體育老師。他語帶激動地問：「麗莎老師，你還認得我嗎？我是力克！」麗莎老師對眼前這個灰藍色的機器人印象有些模糊，但當聽到力克的名字後，她便說：「我記得，那個獨一無二的機器人！力克，你近況如何？」力克回答說：「我剛剛從羅斯島的戰役回來。」麗莎老師既驚訝又感慨地說：「我也有留意那場戰役的新聞，聽說戰況非常激烈，死傷無數。」麗莎老師又問：「那麼，你為何來到這裏呢？」力克回答：「因為我的能量快要耗盡，想利用剩餘的時間親身去看看從前只能遙望的燈塔。」說罷，力克將手上的花束送給麗莎老師，然後向她道別，繼續前往燈塔。

麗莎老師手握着鮮花，默默地看着力克的背影，感慨力克由從前那個天真爛漫的紅色機器人，經歷各種磨練和考驗後，變成一個堅韌不拔的灰藍色機器人。麗莎老師看見曾經貼在他右肩的小太陽圖案貼

紙，如今已變成一個栩栩如生的手刻太陽圖案，相信當年「Believe you can」的信念已成為力克內心的強大力量，她心裏默默祝福：「力克，願你能相信自己可創造晴天，一步一腳印，為生命留下意義和美好回憶。」

不經不覺，力克已走到湖邊。他坐在堤上休息，欣賞金黃色的夕陽投射在湖面的倒影。小鴨們跟着媽媽游過，平靜的湖面泛起陣陣漣漪。微風吹動了湖邊的小草，草叢中有一個破舊的足球。他閉上眼睛，感覺時間好像停頓了，耳邊彷彿響起比特用口琴吹奏的《天鵝》樂曲。

突然，力克的能量顯示器出現電量不足的警告，他知道必須抓緊時間。他用力站起來，沿着小徑走到比特的墓前，作最後的道別。力克輕輕掃走墓前的枯葉，心中默想：「人死後會去往何方？機器人耗盡電源又將如何？」如今，他唯有依靠回憶與比特相聚。他從背包裏取下頸帶上百蘭狄送給他的英勇勳章，輕輕地放在墓前，對比特說：「感謝你多年來的照顧和教會我的一切，你是我的英雄，我把這枚飛鷹勳章送給你。」

燈塔

跟比特道別後，力克一步一步走過崎嶇的山路，終於來到海邊。為了登上燈塔，他需要踏上一段陡峭的石級。此刻，天色漸漸昏暗，力克的能量亦已所剩無幾，但他仍然奮力向前，好不容易終於抵達燈塔底部的入口。那座曾經在遠方閃耀的燈塔，此刻屹立在他眼前。燈塔的外牆呈現紅白交替的條紋，牆上的油漆有點兒剝落，顯露出被海風侵蝕的歲月痕跡。

突然，燈塔傳來「隆隆」巨響，塔頂的燈開始緩慢地轉動，發出一道強烈的光線。一位白髮蒼蒼的老年男人從燈塔的入口緩緩走出來，樣子看起來和藹可親。老年男人看到力克的出現，驚訝得瞪大眼睛問：「你是誰？你怎麼會在這裏？」力克回答：「你好，我叫力克。很久以前，我在遠方已經見過這座燈塔。我曾經在茫茫大海中迷失方向，全靠這座燈塔指引方向，給予我希望。如今，我的能量快將耗盡，我希望在生命最後階段，親身遊歷這座燈塔。」老年男人聽到力克的話，微笑地說：「原來如此。天氣很冷，先去我的家坐一會吧。」他指着燈塔旁邊的一間白色小屋，聖誕將至，小屋門外掛滿漂亮的聖誕燈飾。

於是，力克跟隨老年男人步入小屋。屋內陳設簡單，只有一張餐桌，兩張椅子和一張牀。老年男人自我介紹說：「我叫亨利，已在這個燈塔守望了二十多年。」然後，

Darkness

亨利走到廚房裏忙碌，一邊做飯一邊哼着聖誕歌，力克覺得他像一個聖誕老人，在聖誕小屋準備晚餐。晚飯時，亨利向力克說明他如何維持燈塔的日常運作，力克也向亨利分享了他在電動車工廠內負責的工作。飯後，亨利問力克：「我們一起登上燈塔的頂層看看吧，好嗎？」力克興奮地點頭回答：「好啊！」

燈塔底層的的紅色大門上，有一個木製的掛牌，寫着：「The Lighthouse of Dreams Guides You Home when You are Lost.（當你迷失於世界，夢想的燈塔會指引你重拾初心。）」力克抬頭看着木牌上的字句，亨利在旁說了一句：「夢想是人生最精準的導航儀。」隨後，兩人推開大門走進燈塔，沿着旋轉階梯一步一步走上燈塔頂層。

站在塔頂的瞭望室，遼闊的海灣展現在他們眼前，力克不禁興奮地大叫起來。兩人倚靠着圍欄慢慢地聊起來，亨利似乎已經很久沒有和人交談，力克的出現令他得到心靈的慰藉。

亨利把目光投向夜空，回憶年輕時的自己。他曾是一位名聲顯赫的銀行家，卻因為貪得無厭，不斷追求更多金錢和名譽，漸漸忽略了家人，導致家庭破裂，最終更因投資失敗而變得一無所有。當時的他對人生感到絕望，於是拋下一切，背起背包四處流浪。當他經過這座燈塔時，感受到一份前所未有的平靜感覺，於是便成為了燈塔守護者。時光飛逝，亨利如今已年過六十。他回顧自己的人生起伏，不覺感悟：「在人生的旅途中，真正重要的不是所

The Lighthouse of
Dreams Guides You
Home when You are Lost

擁有的物質，而是經歷、情感和智慧，我們應該珍惜當下的每一刻。」力克專心地聽着亨利的故事，眼睛微微地轉動，他記得，年老的比特也說過類似的話。

亨利問力克：「你已經實現了到訪燈塔的心願，接下來想去哪裏？」力克環顧四周的風景，望見遠方的電動車工廠，心中湧起對昔日朋友的懷念。他回答說：「我想重返以前工作的工廠，跟我的朋友作最後道別。」

力克背起背包，跟亨利在燈塔下道別。亨利從口袋中拿出一個指南針送給力克，力克婉拒說：「謝謝你的好意，但我不需要指南針，因為我有內置的導航系統。」但亨利堅持要他收下，並解釋這個指南針的由來：「當年一場風暴，我在燈塔對出的大海救了一位漁夫，他送了這個指南針給我以作感謝，所以這對我來說具有特別意義。」力克仔細端詳這個指南針，發現代表北方的位置上，並不是英文字母「N」，而是一個心形圖案。亨利說：「這個心形圖案寓意『隨心而行』，每當我感到迷失時，都會拿出這個指南針，提醒自己在人生的交叉點上，只需單純地隨心做出選擇，既不回頭，也不後悔。」力克感激地收下了亨利的禮物，出發前往電動車工廠。

久別重逢的朋友

力克登上前往電動車工廠的客運火車，與當年乘坐的貨運火車相比，這裏安靜而舒適得多。他望着天空的浮雲，不禁回想自己的人生經歷。曾經，力克因為身體內裝有神祕的時間寶石而擁有源源不絕的能量，可是他無法忍受未來世界的灰暗與冷漠，最終決定孤注一擲地取出體內的時間寶石來啟動時光機，來到現在的時空。自此，他變成了一個平凡的機器人，在有限的生命中隨着環境和際遇在世上漂泊。力克不斷思考生命的意義是甚麼，卻始終無法找到答案。

多個小時後，火車到達電動車工廠。力克朝着工廠的方向走去，沿途看到穿着灰色制服的工人正在檢查貨物，還有其他正在工作的藍色工業機器人，他們都用奇異的目光望他。

力克走進重工業部門，大閘一打開，T386 和 06 號巨型機器人同時轉過頭來看着他。T386 用掃描器一掃，確認這個灰藍色機器人就是力克。巨型機器人立即放下手上的工作，興奮地跑過來抱起力克，說：「朋友，你好嗎？」T386 則熱情地握住力克的手說：「自從你被挑選參加戰役後，我還以為不會再見到你，很高興你能安然回來！」力克一邊協助他們工作，一邊講述戰事中的驚險事情。三個機器人像以往那樣默契地合作，迅速完成了手上的貨車裝嵌工作。

那天晚上正是聖誕前夕，他們像以前一樣，圍坐在貨櫃箱旁的小山坡上，力克拿出小結他輕輕彈奏，T386 則用胸前的投射器在貨櫃箱牆上播放着力克和愛麗絲在大學的生活片段。一顆流星在夜空中劃過，巨型機器人對力克說：「自從你離開後，我很懷念你彈奏的音樂。」然後，他閉上眼睛，陶醉地聽着音樂。力克將小結他遞給 T386，細心地教導他如何彈奏每一個和弦，就像當年比特用心教導力克彈結他一樣。

工廠老闆看到這些機器人重聚，不禁也走過來湊熱鬧。他從百蘭狄上校那裏得知了力克在戰場上的英勇表現，想不到他會再次回到工廠。他問力克：「你為何會回到這裏呢？」力克回答：「因為我的能源快要耗盡了，所以想回來探望我的朋友。」工廠老闆聽到後感歎地說：「我和機器人共處了這麼多年，發覺你們做事專注、積極、堅毅，有許多值得人類學習的優點。」第一次受到老闆的讚美，三個機器人都感到沾沾自喜。工廠老闆繼續說：「我也想有像機器人的朋友呢！」就在這時，T386 插嘴說：「原來你這麼欣賞機器人，你不如跟我們做朋友吧！」T386 這個唐突的邀請，引得大家哈哈大笑。

接着，工廠老闆問力克：「你為甚麼不去找從前的主人愛麗絲呢？」力克黯然地回答：「她已擁有自己的生活和摯愛的人，我覺得我不再被需要，或許早已被遺忘了。」工廠老闆想起那天他帶走力克時，在貨車的倒後鏡中看見愛麗絲流着淚望着他們離去，然後依偎在約瑟身上抱頭痛哭，恍似做了一個抱憾終生的決定。老闆對力克說：「我感受到其實愛麗絲心裏仍然有你的，或許只是繁重的生活讓她忘記往日的情感。」力克驚喜地問：「你真的覺得她心裏仍然有我嗎？」工廠老闆用堅定的口吻說：「從她最後依依不捨的眼神來看，我覺得肯定是有的。」

聽到工廠老闆的話後，力克十分渴望能夠見愛麗絲最後一面。他立刻檢視自己剩餘的能量，擔心這不足夠支持他到城市尋找愛麗絲，覺得非常忐忑。工廠老闆鼓勵他說：「只要全力以赴，無論結果如何，都能心中無憾。」說罷，他從口袋中拿出一塊古董機械陀錶，說：「這是我祖父留給我的陀錶，他的座右銘是：『時間是最強大的武器，你將它投放在哪裏，成就定必隨之而來。』所以，我每天都會為它上鏈，每當聽到秒針『滴嗒滴嗒』的聲音，我便會提醒自己要珍惜時間。因為人的壽命平均只有二萬六千多天，我們必須好好運用時間。現在我將這塊陀錶送給你，希望你珍惜每分每秒，在有限的時間裏，追求自己的方向。」力克收下陀錶，然後望着貨櫃箱上愛麗絲的影像，顯然已經找到自己所追求的方向。

力克將亨利送給他的指南針轉送給工廠老闆，感激地說：「謝謝你。我已經找到我的方向，就是在餘下的有限時間，尋找愛麗絲。」

T386 和巨型機器人立刻站起來齊聲說：「今天是聖誕前夕，火車應該有午夜的加開班次，我們一起送力克

去火車站吧！」在火車站臨別時，力克將小結他贈送給T386，微笑着說：「希望這支小結他能帶給你快樂。」接着，他又將卡式帶隨身聽送給巨型機器人，並對他說：「希望這個隨身聽能陪伴你，讓你在工作閒暇時能享受音樂。」力克的禮物讓他們在未來的日子裏擁有美好的回憶與陪伴。

此刻，T386 突然走上前緊緊擁抱着力克，叮囑說：「只要生命未完結，就不要放棄，永遠不要低估自己的能力。」兩個機器人對視着，彼此的眼神中流露出深厚的兄弟情誼。這些年來，力克一直是 T386 的小夥伴，他從力克身上不斷學習，逐漸變得更具人性，心中充滿人情味，臨別的擁抱也送了一股能量到力克的心中。

尋找愛麗絲

力克緊緊抱着小蘭花盆栽，急促地跑向車站月台，心中只有一個目的：前往城市尋找愛麗絲。當他到達月台時，正好聽到了尾班火車啟程前的最後廣播，焦急的他不停向前奔跑，希望能在最後一刻趕上列車。此時，力克眼前突然出現黑白雪花，「砰嘭」一聲，他失去平衡，重重摔倒在地。小蘭花盆栽也隨之跌落，泥土四散開來，花兒無助地躺在地面上。周圍的人羣圍觀着這個灰藍色的機器人，議論紛紛。一位穿着西裝的男子皺眉問：「要不要找警察幫忙通知這個機器人的主人？」旁邊一位抱着小狗的貴婦冷冷回應：「這麼殘舊的機器人，應該是被主人遺棄了吧。」

幾分鐘後，力克逐漸恢復了知覺。他的系統顯示能量不足，無法加速行走。看到地上花盆露出一條長長的裂痕，力克感恩地想：「幸好花盆沒有完全破碎！」他立刻撿起花盆，細心地將小蘭花、泥土和黃色紙條拾回花盆中，而圍觀的人羣亦漸漸散去。

尾班火車已經離開了月台，力克只能等待到明天早

上才有下一班列車。力克獨自坐在月台上，抱着小蘭花盆栽，雙眼緊盯着花盆上的裂痕。

隨着熙來攘往的人潮漸漸散去，周圍變得安靜。他的目光不經意地掃過月台上的廣告板，上面有一個女孩子與最新型號的機器人在一個五彩繽紛的熱氣球上手牽手，悠然地飛越蔚藍的天空，正展開一場探索夢想的奇妙旅程。廣告標題寫着：「跟夢想牽手，創造人生的傳奇。」

此刻，力克恍然大悟。「我明白了，我其實是一個夢想機器人，陪伴愛麗絲成長是我的任務，亦是我生命的意義。」力克喃喃自語說。同時，力克意識到自己並未完成自己的任務，淚水不斷從眼窩滴下，滑落到他抱着的小蘭花上。

「力克，力克……」花盆中忽然傳來了微弱的叫喚聲。「小蘭花，是你嗎？你終於蘇醒了！」力克驚喜地說。

「力克，其實我一直在觀看你這次人生旅程。」小蘭花說，「如果你是愛麗絲的夢想，那麼我就是信念。在人生旅途中，信念一直與夢想同行，每當夢想受到挫折而跌倒時，信念都會成為它的支持。而每次夢想的實現，都會令信念轉化成信心，猶如花朵綻放。我們互相扶持，在各種經歷中成長，變得茁壯。」力克失望地說：「是的。但愛麗絲已離開我們很久很久，可能已經忘記我們了。」小蘭花堅定地說：「我們的主人愛麗絲因繁重工作和生活壓力遺棄了我們，但你憑着愛和勇氣，一直在追尋生命的意義，經過重重考驗，最終找到答案。力克，你是獨一無二的！我們一起去找愛麗絲吧！我相信迷失中的她非常需要我們的陪伴。」小蘭花的鼓勵令力克心裏充滿一股強大的力量。

晨光初露，遠處的火車逐漸駛近月台。力克抱緊小蘭花，準備登上列車。他選了一個靠窗的位置坐下，並將小蘭花輕輕放在身旁。火車高速行駛，力克凝望天空上的白雲，心裏想：「哪一片才是屬於我的雲呢？」心裏有這

些想法，力克也感到莫名其妙。他放鬆身體，讓頭部倚靠在椅子背上，感到前所未有的疲累。他像人類一樣，閉上眼睛休息，左手卻依然緊緊握着花盆。

經過多個小時的車程，火車終於到達愛麗絲居住的城市。力克被廣播聲喚醒，他睜開眼睛，眼前的景象變得模糊不清。他檢查系統，但只看到能量警告提示，還有部分記憶已被刪除的通知。

力克下了車，在大街上慢慢地走了好幾個小時。當他經過一個已經荒廢的貨櫃碼頭時，感到非常疲憊，腳踝沉重得完全提不起來，走路時東歪西倒的。小蘭花感受到力克的不對勁，柔聲對他說：「力克，如果你累了，休息一會吧，但是請不要放棄！」聽到小蘭花的鼓勵，力克坐在碼頭旁邊的繫船柱上休息，將小蘭花輕輕地放在地上。看到日落西山的美景，力克似乎聽到一陣口琴吹奏的音樂，讓他感到非常親切。然而，他的部分記憶已被刪除，完全記不起那首歌曲的名字。

不知道休息了多久，力克再次聽到小蘭花的呼喚聲：「力克，力克！時間已經很晚，不能再坐着了。快點振作起來，繼續去找愛麗絲吧！」他拿起那塊古老陀錶，感受秒針每秒跳動的「滴嗒」聲，他知道必須抓緊時間。力克用盡全力再次站起來，雖然不知道要去哪裏才能找到愛麗絲，心裏有些不知所措，但直覺驅使他走向市中心的紅色電話亭。憑着零碎的記憶，他終於找到了市中心廣場的古老鐘樓。

當年的紅色電話亭依舊屹立在古老鐘樓對面的角落，記憶模糊的力克凝望着它，心裏湧起一種似曾相識的感覺。這一刻，他覺得似乎是命運安排他來到這裏，等待着一個約定。

古老鐘樓的大鐘「叮噹叮噹」地敲着，力克抬頭看見指針正指着晚上六時正。他隱約記起某年聖誕節和愛麗絲所許下的約定：「如果走散了，我們約定在晚上六時，在這個位於古老鐘樓對面的紅色電話亭會合。」力克一直站在電話亭旁，滿懷希望地等待着。

隨着晚上七時正的鐘聲響起，力克抬頭四處觀望，卻

TELEPHONE
NO POWER:P

沒有看到愛麗絲的蹤跡。八時……九時……十時……一次又一次的鐘聲相繼響起，力克已無力再抬頭。

深夜時分，一羣喝醉的少年看見力克雙眼緊閉，呆呆地站着，竟然用硬幣擲他，看他沒有反應便笑着說：「沒有電的機器人！」他們不僅上前搶走力克的古老陀錶和火車通行證，還在他頸上掛上一個紙牌，寫上「沒有電」，然後嘻嘻哈哈地離開了。

第二天早上，陽光照射在力克身上。「力克，力克！快睜開眼睛，看我盆裏的那張黃色紙條。」力克隱約聽到小蘭花叫他的名字，緩慢地睜開雙眼，看到地上的硬幣和掛在自己身上的「沒有電」紙牌。雖然「沒有電」在機器人世界是一種貶義，但此刻力克已無力拿走紙牌。反而，他感恩地想：「幸好他們用硬幣擲向我，我可以用來打電話了。」他伸手拿起黃色紙條，用力拉開電話亭的玻璃門。進入電話亭後，他拿起聽筒，投進在地上撿起的硬幣，撥打愛麗絲的電話號碼。

一陣「嘟嘟」聲從聽筒中傳來，但對方並沒有接聽。若電話沒有人接聽，數十秒後便會自動斷線。力克一直緊握着聽筒，斷線後又再撥打，不知道重複了多少次，電話仍然沒有人接聽，他唯有把聽筒放回電話上，坐在原地，左手緊抱着小蘭花，然後閉上眼睛，再次進入待機模式。

NO POWER :P

夢想的記憶

在比特去世數年後，愛麗絲和約瑟因性格不合而分手了。愛麗絲被公司派往一間機械義肢研究醫院，為羅斯島戰役中的傷殘士兵和工作人員安裝機械義肢，暫時搬離了城市的家。

在命運的安排下，愛麗絲重遇了被截肢後的理察。理察當時面容憔悴，左小腿已被切除，只剩下包裹着繃帶的膝頭。他每天呆坐在醫院的牀邊，透過玳瑁色的眼鏡憂鬱地凝視着窗外天上的浮雲，手上緊握着那顆神祕的藍寶石。他的情緒非常低落，認為殘障摧毀了他的人生，直到愛麗絲的出現，他才感到一絲生命希望。

愛麗絲回憶小時候跟麗莎老師的對話，用心勉勵理察要堅持自己的夢想，不要被身體的缺陷阻礙。在他們的對話中，理察提到了在戰場上遇見力克的情形，並拿出力克給他的照片：「這個機器人真的很有情義，而且他在戰場上展現的勇氣令我十分佩服。」

愛麗絲握着那張小時候和力克的合照，腦海閃過自己從小到大與力克一起成長的剪影，那種親切而真誠的感覺重現眼前。她回想起自己曾是在草原上追着蝴蝶的小女孩，意外遇見力克，跟他一起從小學、中學，一直走到大學，然後獨自來到城市生活。她察覺自己在成長過程中漸漸變得冷漠，缺乏夢想……在腦海中的剪影裏，愛麗絲看見力克身上的顏色一直變換，由灰藍色、粉紅色、紅色、黃色、綠色、藍色，最後變回原有的灰藍色。最後，畫面停留在一個鋪滿白雪的街角，黃色街燈照耀着力克的身影，他戴着藍色高帽，繫着天藍色煲呔，正在高興地堆砌雪人。力克回望她，隔着飄雪向她揮手說：「愛麗絲，我是你的夢想，請不要忘記我……」

「你知道力克在哪裏嗎？」愛麗絲激動地哭着問理察。理察握緊愛麗絲的手，說：「我曾經致電軍隊的百蘭狄上校，感謝他的營救，也向他打探力克的消息。他告訴我，力克的能源快將耗盡，已經離開軍隊了。」「力克，你在哪裏？力克……」愛麗絲喃喃自語，淚水不斷流下。

「當天在混亂的戰火中，力克仍不忘將這張照片放進我的口袋，我覺得他想提醒我，如果能重拾生命，就必須跟隨自己的心，去尋找當年最心愛的人，向她表達愛意，不要再讓機會溜走而後悔終生。」理察雙手抱緊愛麗絲，流着淚水在她耳邊細語，「對不起，當年辜負了你對我的愛。請讓我現在重拾當年的承諾，你願意再次和我一起嗎？」愛麗絲低着頭，停頓了一會兒。那一刻，時間彷彿靜止了，理察緊張得只聽到自己的心跳聲。然後，他看到愛麗絲在慢慢點頭。他們深情地對望着，彼此的眼睛閃着淚光。

四個月後，理察的身體已經適應機械義肢，可以離開醫院。他毅然辭去從前的工作，接管父親遺留給他的古董時鐘店。他決定在店裏的地庫建設一個實驗室，日以繼夜地研究時光穿梭機。愛麗絲希望理察能夠成功研製出時光機，讓她穿越時空尋找力克。在她心中，力克不僅是一位朋友，更是一顆閃亮的星辰，曾經照亮了她的生命。每當愛麗絲仰望星空，眼中便浮現力克的身影，並心想：「不知道力克是否也在悄悄地思念着我呢？」

理察和愛麗絲計劃在來年的聖誕節結婚，愛麗絲希望能繼承比特的夢想，將理察父親的時鐘店擴充為古董收藏店，為古老物件的主人保存和延續故事。於是，愛麗絲回到城市的家中收拾行李，卻看到電話顯示屏上有一個多次打來的號碼。在好奇心的驅使下，愛麗絲撥打了這個陌生的號碼。

未完成的約定

在那個紅色的電話亭裏，力克因為自己即將耗盡能量，感到十分擔憂。為了節省能源，他靜靜地坐在那裏，閉上眼睛。在寒冷的黑夜中，他亮起頭頂小燈，讓微弱的光為小蘭花提供溫暖。

小蘭花在寒冬中綻放着生命的力量，綠葉上沾着晶瑩剔透的霜露，不斷對力克低語，鼓勵他無論是多麼困難的時刻，生命總會找到一條出路。小蘭花的陪伴給予力克一種深切的安慰，讓他在孤獨與等待中，感受到一絲希望。「或許，奇跡真的會來臨。」他在心中默念，渴望着不久後與愛麗絲的重聚。外面颳着的風雖然寒冷，但他內心的希望卻如他頭頂小燈般，依然在微弱地燃亮着、堅持着。

不知道過了多久，電話突然響起，小蘭花在力克身旁叫喊着：「力克，力克！快醒來呀！」力克睜開一半眼睛。「力克！快接聽電話！」小蘭花繼續焦急地叫着。力克抬頭，用盡剩餘的氣力，左手抱緊花盆，右手撐着地下，慢慢站起來。此刻，他從未感覺到自己的身體是那麼沉重。

電話鈴聲依然響着，力克用力提起手臂，好不容易拿起聽筒。當聽筒貼近他臉旁的接聽器時，力克聽到一把熟悉的聲音：「你好，我是愛麗絲，請問……」那聲音如像一道彩光，穿越了力克的所有記憶，他的腦海閃過許多過往的零碎片段。

愛麗絲的影像浮現眼前，從童年時的小女孩一直到八十多歲的老婦人，這些畫面如同快速重播的一幅幅特寫照片，瞬間讓他內心充滿暖意。力克心懷感激地想：「是愛麗絲……能夠在我生命走到盡頭前，再次聽到你的聲音，真好。我的人生因遇上了你而圓滿。」力克很想開口講出心底的話，但此時已經有心無力。

當他再次用力睜開眼睛，只看到黑色的景象夾雜着一條條白色的橫線。電話的另一方早已因為沒有回應而掛斷了線，聽筒只傳來「嘟嘟」聲。力克聽到外面世界的聲音逐漸變弱，直到完全寧靜。力克的頭突然向前傾下，靠在電話亭的撥號器上，右手無力地向下垂，電話聽筒懸掛在半空中不停搖晃，左手卻依舊緊抱着小蘭花的花盆。

日子一天一天過去，轉眼已過了數十年，電話亭外的世界不斷變動，漸漸由彩色世界變成灰色世界，只剩下這個古老的紅色電話亭仍然屹立在小巷的一個角落裏。電話亭對面的古老鐘樓已被拆卸，重建成灰色的摩天大廈，從此再沒有鐘聲。街道上的人由一堆堆歡笑的朋友變成一個個孤單的身影，人們不再交談，只低頭盯着手中的電子屏幕，對周遭的一切漠不關心。

與此同時，街道上出現了越來越多的機器人，而且型號日新月異。起初，每款機器人的外表都是一模一樣的，但隨着時間的過去，他們開始追求自身的獨特性，譬如改變自己的顏色、增加身上的裝飾品等，展現出各具特色的風格。這些機器人仔細觀察周圍發生的一切，持續學習和思考，擁有了從前人類的獨立思維。

直到不知過了多少年，在某個聖誕前夕的黃昏，灰色摩天大廈外牆的巨型屏幕正顯示晚上六時正的跳字時鐘，一陣強風突然襲來，將力克腳邊的黃色紙條吹起。紙條在空中搖曳着，最後貼在電話亭內的玻璃上。紙條上，「愛麗絲」這名字仍依稀可見。就在這時，天空劃過一道彩光，一台如巨型汽水罐般的時光機降落於這條暗黑窄巷中。

隨着彩光和巨響漸漸消散，時光機的灰色鋼門緩緩打開，一道藍光從煙霧中透出，一位滿頭白髮的老婦人踏出機艙，一拐一拐地走近電話亭。她費盡全力打開電話亭那道早已生鏽的玻璃門，看到力克低着頭僵硬地靠在電話亭內，從前常常亮着的頭頂小燈經已完全熄滅，左手卻仍握着一個帶有裂痕的花盆，裏面的小蘭花早已枯萎，只剩下一堆泥土。

老婦人看着力克那鏽跡斑斑的灰藍色身軀，輕柔地用手擦去力克身上的塵埃，將那個寫着「沒有電」的紙牌拿掉。以前，力克曾經噴過的各種顏色油漆，已經不留一點痕跡，而當年愛麗絲用蠟筆寫上的那個聖誕願望——「祈求聖誕老人給他一個小兔布偶，讓他不再害怕黑暗。」——卻依舊還在。老婦人不禁顫抖地說了一句：「聖誕快樂！我的小鐵人。」然後眼淚如珠般滴落，悄然滑過力克那滿是灰塵的頭頂，形成一道道細小的水痕。

這位滿頭白髮的老婦人，就是年邁的愛麗絲。

KEEP
YOU

我的主人

許多年前，力克離開了灰色冷漠的未來世界，穿梭時空來到色彩繽紛的現在世界，遇見那個無憂無慮的年幼愛麗絲。力克從沒有向愛麗絲揭露，她就是自己未來世界的主人，全因為他不想影響愛麗絲的人生抉擇，只希望陪伴她憑自由意志去追尋夢想。

年老的愛麗絲一直以為力克已在能量耗盡前回到未來世界，所以這幾十年來不斷穿梭不同時空去尋找他，卻一無所獲。如今，她最終在身處的現在世界這個紅色電話亭裏找到力克。愛麗絲這才發現力克從未忘記兩人的約定，無論經歷多少考驗都在這個電話亭等待她。愛麗絲眼泛淚光，低聲說道：「力克，我曾迷失的夢想，原來你一直在這裏等待着今天的重遇。」

愛麗絲緊緊抱起失去能量的力克，步履蹣跚地步出電話亭。隨着他們離開，電話亭的門悄然關上，如像將過去的回憶封存起來。他們進入時光機後，鋼門緊緊閉合，周圍的空氣似乎凝固起來，只剩下愛麗絲急促的心跳聲在迴響。

愛麗絲對着懷裏的力克說：「親愛的力克，你一直在尋找生命的意義，想了解自己存在的價值。其實，人生不在於追尋意義，而在於憑藉個人潛能和信念創造意義，讓世界變得更美好，在有限的時間裏留下深刻的足跡。

力克，你已經歷了一段圓滿的生命旅程，擁有探索未知的勇氣，對當下生活的熱愛，和克服各種困難的堅持。你為身邊的人帶來光亮，燃起他們對生命的熱情。

你對親人和朋友的愛、對動植物的珍重以及對使命的忠誠，正是你生命中最美麗的事情。你讓我明白生命的意義不在於物質、金錢或成就，而在於如何去愛，並懷着勇氣去追尋那令人怦然心動的夢想。」

時光機開始啟動，低沉的轟鳴聲逐漸變得刺耳，機艙轉動的速度越來越快，重疊的影像猶如過去與未來的交錯。隨着一聲轟烈的巨響，時光機消失在一片煙霧瀰漫之中。

愛麗絲與力克的新旅程，正式揭開了序幕。

你正在尋找的東西也在尋找你。
——詩人魯米

打造你的夢想機器人小夥伴

「Hi! 我是力克！我從未來乘坐時光機來見你，帶着時間寶石、信念種子、想像力時光機和正向思維程式——從今天起，我們就是一起追夢的夥伴了！」

Step 1 / 寫下你的專屬名牌

摺好機器人後，現在啟動他吧！

用彩色筆寫上：

- 你的名字
- 你的年齡
- 今天的日期（標記這個特別的日子！）

Step 2 / 啟動想像力時光機

閉上眼睛想想：「未來的我會是甚麼樣子？」

寫下你的夢想職業
(例如：太空人、畫家、舞蹈員……)

Step 3 / 種下信念種子

「相信」是夢想的起點。

想一想：

- 我最厲害的「超能力」是甚麼？
  (例如：畫畫、心算、幫助朋友……)
- 這個超能力怎麼幫我實現夢想？

Step 4 / 時間寶石計劃

時間用在哪裏，成就彰顯在哪裏！

寫下每天要為夢想做的小事
(例如：畫一幅畫、讀一本科學書……)
* 我願意每天 / 每週花 ____ 分鐘練習！

Step 5 / 接收一封來自未來的信

打開這封信，獲取正向思維密碼！

追夢路上難免跌倒，但每次挫折都是禮物。
遇到困難時告訴自己：
「這次我學會了____________！感謝挑戰讓我更厲害！」

最後魔法

把寫好的五大元素放進機器人的頭部——從現在起，每當你看見他，就會想起你對夢想的承諾，而力克就是陪你追夢的小夥伴啦！

你的機器人會每天提醒你：
Believe You Can! 夢想一定會實現！

可以用貼紙、亮粉裝飾你的機器人哦～

夢想機器人力克

李浩迅 Orson Li
著作．角色設計

責任編輯　鍾昕恩
裝幀設計　Sands Design Workshop
排　　版　Sands Design Workshop
印　　務　劉漢舉

出　　版　中華教育
香港北角英皇道 499 號北角工業大廈 1 樓 B
電話：(852) 2137 2338　傳真：(852) 2713 8202
電子郵件：info@chunghwabook.com.hk
網址：http://www.chunghwabook.com.hk

發　　行　香港聯合書刊物流有限公司
香港新界荃灣德士古道 220-248 號
荃灣工業中心 16 樓
電話：(852) 2150 2100　傳真：(852) 2407 3062
電子郵件：info@suplogistics.com.hk

版　　次　2025 年 6 月第 1 版第 1 次印刷

規　　格　16 開 (210mm x 148mm)

ISBN　978-988-8913-38-1